Dalí

Ignacio Gómez de Liaño

EDICIONES POLIGRAFA, S.A.

Unos días antes de encerrarme a escribir estas páginas, visité a Dalí en su casa de Portlligat. Al encontrarme, una vez más, en aquella bahía, tantas veces acariciada por los pinceles dalinianos, y que según Meifrén debería ser un tema de continuo y preferente ejercicio para los pintores, no la vi como un pedazo de mar, sino como un lago en el que se reflejasen, al decir de Dalí, «los dramas del cielo crepuscular».

Esa bahía se descubre como un paraje de «fin del mundo», como una ceja geológica que rodease al gran ojo azul del agua o, para emplear una imagen surrealista, como una clara de huevo que protege y nutre a la yema sustanciosa y marina de Portlligat. Portlligat parece concentrar las esencias de la personalidad daliniana, sus dos polos contrapuestos: el matutino y el vespertino. El primero, «alegre, ferozmente analítico y estructural»; el segundo, «morbosamente triste, gris, inmóvil».

Por la mañana aquel paisaje planetario es una costa feliz y reverberante a la que de un momento a otro van a arribar Ulises y sus compañeros de navegación. Por la tarde —era por la tarde cuando yo me encaminaba a la casa del pintor—, es la laguna Estigia que vio Patinir, es la Isla de los Muertos que imaginó Böcklin. ¿No hay siempre en Dalí esos dos polos? ¿El claro de sus luces y sus espacios abiertos, y el oscuro de las largas sombras y los inquietantes presagios? ¿No hay en su pintura un blando y abismal ultrarromanticismo, que, sin embargo, está controlado imperial y categóricamente por los rigores del análisis y la estructuración compositiva?

Sumergido en esas reflexiones me acercaba a la puerta de la casa. Mientras tenía fijada la atención en el ciprés que, como genio o emblema de aquel lugar, surge de una barca de pescadores, se me vino a la memoria aquella mujer del pueblo, y ya de la leyenda, Lidia de Cadaqués, a la que Dalí compró, después de sus primeros triunfos parisienses, una pobre barraca de pescadores, embrión de lo que con el tiempo sería su fantástica casa, la casa en la que Gala y él, él y Gala vivirían, a la que siempre retornarían después de sus viajes más allá de los montes o más allá del océano.

Evoqué a aquella delirante Lidia de Cadaqués, a la que el artista llamaría la «madrina» de sus locuras, y que estaba convencida de ser el modelo de la «Ben Plantada» de Eugenio d'Ors, del que creía recibir mensajes cifrados a través de los artículos que el filósofo esteta catalán publicaba en la prensa, como cuando creyó que un artículo publicado por d'Ors con el título de *Poussin y el Greco* se refería crípticamente a dos tipos muy populares de Cadaqués, uno de ellos apodado *Puça* y el otro, un buzo griego, *el Grec*. Dalí siempre se complacería en ver en el delirio interpretativo de esa Lidia-Dulcinea ampurdanesa y surrealista una excelente muestra de su método artístico, basado en la sistematización de las alucinaciones delirantes.

Dentro ya de la casa, Dalí me recibió en su estudio. Lo recorrí rápida y vorazmente con la mirada, y me quedé asombrado de lo mucho que había pintado Dalí desde mi anterior visita, efectuada tres meses antes.

Encaramados a diferentes alturas en sus respectivos caballetes, los cuadros parecían asomarse con ademán de saludo, parecían hacerme señas a fin de que fijase mi mirada en cada uno de ellos y sondease las profundidades que afloraban en sus coloreadas superficies. Aquellos cuadros no eran del todo desconocidos para mí. Desde Madrid había yo seguido, si bien fragmentaria y verbalmente, su nacimiento y desarrollo. Acumulando referencias, había ido formándome una idea de tales trabajos. Ahora los tenía allí, delante de mí, dentro de las blancas paredes del taller, con su forma y figura definitivas, con el desconcierto, también, que nunca deja de ocasionar el presente a cuanto imaginamos de él en el pasado.

Sabía que Dalí, remontada felizmente su ya larga enfermedad, había vuelto a sus temas favoritos e inagotables: Velázquez y los grandes maestros del Renacimiento italiano. Y sabía que una tarde le había dicho en tono fraternal al pintor y amigo Antonio Pitxot: «Ya vas teniendo edad de dedicarte a los grandes maestros... Cuando se llega a la madurez, ellos deben ser nuestra mejor compañía.»

Me fijé, primero, en los diferentes cuadros que aludían o «comentaban» el tema de Mercurio y Argos, según lo expresó Velázquez en una de sus más enigmáticas obras, la última cronológicamente, que se guarda en el Prado. ¿Cómo escapar al atractivo misterioso, durmiente, furtivo de ese lienzo? Mercurio, el dios conductor de las almas, el dios ladrón por excelencia, ha adormecido a Argos, el semidiós que es todo ojos, todo visión, todo vigilia, que Velázquez representa en la figura de un viejo y pobre vaquerizo. Sorprende el pintor a Mercurio en el momento en que el taimado dios, después de dormir al anciano, se incorpora furtivamente, con movimientos de felino, y se lleva consigo la vaca sagrada de cuerna lunar (¿el alma?), que conducirá al exterior del cuadro, fuera de la obra, al más allá de la representación pictórica. No en vano la cuerna de la vaca señala hacia occidente, hacia el sol que se pone.

En el taller de Portlligat contemplé las recientes versiones dalinianas sobre el tema: Argos y Mercurios flotando en las nubes, Argos y Mercurios adormeciéndose y hurtándose en el espacio y el color.

Junto a esos cuadros herméticos y —me atrevería a decir— argonáuticos, destacábase la versión daliniana de la Infanta Margarita que Velázquez pintó en *Las Meninas*. En el lugar de la cabeza de la Infanta, véase, en la versión de Portlligat, una gigantesca perla esférica, resplandeciente como estrella. ¿Se trata de un juego iconográfico de palabras entre Perla y Margarita, nombre de la Infanta? Sí, y algo más, pues el caso es que las cabezas de las diferentes figuras que rodean en la pintura velazqueña al espejo que se distingue al fondo del cuadro se corresponden exactamente con las estrellas visibles a simple vista de la constelación de la Corona Boreal, y la estrella correspondiente a la cabeza de la Infanta llámase precisamente, entre los astrónomos, Margarita, nombre de la Infanta. Alusiones a esta y otras coincidencias astronómico-velazqueñas pueden verse también en el cuadro de Dalí.

Con todo, el cuadro que en seguida absorbió mi atención fue otro, el último de los que Dalí llevaba pintados. Se veía, incluso se olía, la frescura del óleo. Dalí lo tenía a su izquierda, mientras, sentado, mojaba la punta del pincel en los colores de la paleta y los trasladaba, con pinceladas breves y rápidas, a un nuevo lienzo, que era una continuación del anterior.

El cuadro, digo, me sorprendió, me inquietó. Me quedé como atornillado al suelo contemplándolo, pensándolo. Tratábase de una *Pietà*, inspirada en la famosa de Miguel Ángel que se encuentra en San Pedro de Roma. Pero, ¡qué, extraña *Piedad*, qué extraña la *Piedad* de Dalí! Qué contraste entre el fondo de «calma blanca», en el que mar y cielo se confunden e irisan, y el grupo de la Madre y el Hijo muerto, pintado con un gris de pizarra o piedra volcánica, con un gris de miércoles de ceniza, con un gris de nube de tormenta. Espectral luz verde baña la cabeza del Hijo. El grupo parece flotar en un espacio luminosamente matizado que como una túnica lo envuelve.

Dos grandes agujeros perforan el cuerpo de la *Mater Dolorosa*, dos grandes agujeros, como las cuencas oculares de una gigantesca calavera. A través del agujero izquierdo se ve una roca dorada por el sol, cuya forma repite, como eco morfológico, la cabeza echada hacia atrás del Hijo muerto. Dalí había encontrado una vez más en esas rocas planetarias, de paisaje lunar, que, cual fósiles de ensueños, aparecen como resultantes de un derrumbamiento geológico en el último apéndice de los Pirineos, en el Cap de Creus, el Cabo de las Cruces, la visión del Hijo Sacrificado y de la Madre de Dolores, la Piedad mítica, cuya forma plástica es la de una gruta cenicienta que levita en el espacio solar.

Me acordé entonces que estábamos en martes de carnaval y, por tanto, en vísperas del miércoles de ceniza, pórtico de la Cuaresma. Dalí parecía estar aguardando esa observación, pues nada más que aludí a esa fecha, respondió:

—Precisamente, si se fija usted bien, verá que esa *Pietà* es un *carrus navalis*, un carro-naval... —y añadió—, pues Carnaval viene de *carrus navalis*, de carro naval.

Esa observación filológica me resultó convincente y me hizo recordar que, unos días antes, cuando llegué a Cadaqués, reparé que a la entrada del pueblo, se veía un carro con forma de barca, engalanado para la fiesta, análogo a los de los «pasos» procesionales, pero de carácter enteramente profano.

Fue otra evocación o asociación, suscitada por la contemplación del cuadro, lo que acabó por hacerme inquietante la *Pietà* de Dalí. En efecto, esta *Pietà* era, desde un punto de vista estrictamente pictórico, una especie de eco, una réplica de aquel otro lienzo que, hace más de medio siglo, cuando el artista sólo contaba veinticinco años y acababa de iniciar su peripecia surrealista en París, pintó hallándose en Figueras y dio el título de *El enigma del deseo*. En el cuadro de 1929 se ve también en el bloque escultórico, reminiscente de peñascos contemplados en el Cabo de Creus, dos grandes agujeros, como ojos, y una alusión a la madre, repetida como una llamada o una imploración. Casi cien veces aparece

escrita en el bloque rocoso la expresión *ma mère, ma mère, ma mère...*

Sentí que aquella exclamación de 1929, insistente como una letanía, transparecía en el lienzo de 1982, en la Mater Dolorosa que sostiene sobre su regazo al Hijo sacrificado en la cruz. Roca y gruta de cenizas. Carro naval del desfile pagano de los carnavales.

Dalí entonces dejó de pintar y, señalando de nuevo con el pincel hacia el cuadro de la *Piedad*, dijo escueta y firmemente:

—Es un disfraz. Fíjese bien, es un disfraz.

En efecto, los dos grandes «ojos» abiertos en el grupo escultórico le conferían un carácter de antifaz. Era un extraño modelo para los antifaces que suelen llevarse en las fiestas y bailes de disfraces de carnavales. Dalí, pues, no estaba dispuesto a abandonar el disfraz, a quitarse todos esos antifaces en los que tanto y tan pródigamente ha abundado su vida. Disfraces que, justamente, proceden de las largas horas de contemplación que Dalí, desde adolescente, consumía ante las metamórficas rocas del Cabo de Creus, de las que ha escrito: «... como si fueran fantasmales transformistas de piedra, descubrí en ese perpetuo disfraz la significación profunda de ese recato de la naturaleza al que se refería Heráclito en su enigmática frase: "la Naturaleza gusta de esconderse". Y en este recato de la naturaleza adivinaba yo el principio mismo de la ironía. Observando cómo "se agitaban" las formas de aquellas rocas inmóviles, meditaba sobre mis propias rocas, las de mi pensamiento».

Pero hay en estas nuevas rocas, rocas vistas por el pintor desde la cima imponente de los años, un pequeño detalle diferencial: el antifaz del martes de carnaval de 1982 es más bien el disfraz del miércoles de ceniza. Es, ni más ni menos, la Piedad, el grupo formado por la Madre de Dolores y el Hijo que en su regazo yace exánime.

El Teatro de la Memoria

Dos días después de la visita a la que he aludido en los párrafos anteriores hacía yo mi maleta para regresar a Madrid. Telefoneé a Portlligat para despedirme del pintor y para saber si tenía alguna indicación que hacerme a propósito del libro que me disponía a escribir sobre él y su obra. Así se lo hice saber. Dalí me dijo entonces con toda claridad:

—Insista en el Museo. Quiero que, sobre todo, insista en el Museo.

No había necesidad de más. Bien sabía yo qué quería decir con el «museo». Ese era un tema que había ocupado a menudo nuestras pláticas estivales de Portlligat, desde que hace unos cinco años yo le dije un día, después de visitar el Museo-Teatro de Figueras, que una de las cosas que más me había sorprendido era que constituía un auténtico Teatro de la Memoria, semejante al que ideó en el Renacimiento el humanista y hermetista veneciano Giulio Camillo. Pero este punto requiere algunas aclaraciones.

¿En qué consiste el Teatro de la Memoria de Giulio Camillo? Viglius Zuichemius, que se hallaba en Padua el año 1532, escribió a su amigo Erasmo, el famoso humanista holandés, una carta en la que le decía que todo el mundo le hablaba de un cierto Giulio Camillo y de su Teatro de la Memoria, cuya construcción —nunca acabada por dificultades financieras— costeaba el rey de Francia, Francisco I. Posteriormente, Camillo revelaría el secreto hermético de su Teatro de la Memoria al gobernador de España en Milán, Alfonso Dávalos (aquel marqués del Vasto que protegió al poeta Ariosto y fue retratado por Tiziano).

«Llama [Giulio Camillo] a su Teatro —cuenta Zuichemius a Erasmo— con muchos nombres: ya dice que es una mente edificada o construida, ya que es una mente y alma con ventanas. Pretende que todas las cosas que la mente humana puede concebir y que no podemos ver con los ojos corporales, podemos expresarlas mediante determinados signos materiales de tal suerte que el espectador puede percibir al instante con sus ojos todo lo que de otro modo quedaría escondido en las profundidades de la mente humana. Y es por su aspecto físico por lo que lo llama Teatro.»

En seguida me di cuenta de que en el Teatro-Museo de Dalí, de Figueras, se cumplen las dos reglas primordiales del arte de la memoria que inspiraran al Teatro de Camillo: la regla de lugares, y la de imágenes. Según el arte mnemónica inventada por el poeta lírico Simónides de Ceos y los sofistas, continuada por los retóricos romanos, reformada por los escolásticos medievales y renovada por los humanistas del Renacimiento, ciertas *imágenes* y, en general, los *lugares* tienen el poder de suscitar recuerdos, lo que la propia experiencia confirma, como cuando al regresar a un sitio del que estuvimos ausentes mucho tiempo, sólo por el hecho de encontrarnos allí, de nuevo se nos vienen a la memoria muchas cosas que creíamos olvidadas.

La hazaña de Camillo consistió en que plasmó orgánicamente los contenidos simbólicos de la memoria en un teatro de tipo vitruviano, que previamente adaptó a la peculiar índole de sus designios. El Teatro de Vicenza, diseñado por Palladio, constituye una buena muestra de lo que podría haber sido la materialización del Teatro de la Memoria de Camillo. Tal vez haya que atribuir a este origen hermético-mnemónico la extraña atmósfera «metafísica» del Teatro palladiano, a propósito del cual Dalí ha escrito que es uno de los tres sitios que ha producido en su espíritu la más profunda impresión de misterio —«el Teatro de Palladio, en Vicenza, el lugar "estético" más misterioso y divino» (los otros dos son: la escalera del «Chabanais», y la entrada subterránea a los sepulcros de El Escorial).

El Teatro de Figueras —de Figuras, podríamos decir—, constituye de hecho un sistema de lugares mnemónicos, análogos a los que Giulio Camillo imaginó a fin de dar un rostro a la mente, de hacer patente lo oculto, de abrir ventanas en el alma, de hacer de ésta un lugar de perdurable consistencia.

La segunda gran regla o llave maestra del arte de la memoria se refiere a las imágenes de las cosas que deseamos recordar. Esas imágenes hemos de colocarlas en los diferentes lugares del Teatro de la Memoria, y han de ser —enseñan los tratadistas— raras y desacostumbradas, sorprendentes y emotivas, a fin de que las cosas que por medio de ellas queramos grabar en la memoria no se borren de ésta fácilmente. ¡Qué duda cabe que las «imágenes» que pueblan el Teatro-Museo de Dalí son raras y desacostumbradas, sorprendentes y emotivas! Crean atmósferas estéticas, despiertan con su escenografía resonancias psíquicas. Son, a menudo, imborrables.

Cuenta Dalí que cuando en París pintó una de sus obras más famosas, titulada precisamente *La persistencia de la memoria* o *Los relojes blandos,* al mostrársela a Gala, le preguntó: «¿Crees que dentro de tres años habrás olvidado esta imagen?» A lo que Gala respondió: «Nadie podrá olvidarla una vez vista.» ¿No están en este caso muchas de las imágenes inventadas por Dalí, muchas de las imágenes que forman el Teatro de la Memoria daliniana?

El Museo de Dalí no sólo se emparenta con el Teatro de la Memoria renacentista sino también, incluso más explícitamente, con las Ruedas combinatorias del *Ars magna* de Raimundo Lulio, el gran filósofo y visionario mallorquín del siglo XIII. Mediante un artificio simbólico, que más adelante explicaremos, Dalí *ha puesto en movimiento* su Teatro, lo ha hecho girar como una rueda que se combina con otras ruedas también giratorias, de suerte que todas las figuras del Teatro de Figueras se miran en todas las demás, y con todas se entrelazan y combinan.

Camino por la memoria daliniana

El camino por el que nos disponemos a avanzar es un itinerario simbólico. El territorio que cruza es el Teatro-Museo de Figueras, geografía en la que Dalí ha ido depositando sus experiencias artísticas y psicológicas básicas, a la manera de los sedimentos aluviales que deja un río caudaloso en su desembocadura.

Lo primero que, antes de iniciar el recorrido, nos sale al encuentro, como kilómetro cero de la ruta, es la escultura que se eleva, solitaria, delante del Teatro-Museo. Hállase entre el Teatro y la Iglesia. Esta iglesia es, precisamente, el templo parroquial de Figueras, en el que Salvador Dalí fue bautizado con un nombre que para el artista sería todo un programa de «salvación del arte». Pues, Dalí, cuando, una vez digerida la experiencia vanguardista, fue afianzándose en su propia obra y en la memoria histórica, puso los ojos en «la perennidad del acanto» y se propuso la empresa quijotesca de salvar al arte de la depauperización, trivialización y primitivismo en que lo habían ido postrando la prisa y otras circunstancias de este siglo de las masas que es el siglo XX.

La escultura con que se inicia este recorrido hállase en tierra de nadie, en el liso espacio público, entre las dos grandes y dramáticas escenografías del Tiempo. Es una figura jeroglífica que anuncia al Teatro y que, con los ojos vacíos de su cabeza ovoide, mira, pensativa, a la Iglesia.

Forma su cuerpo un olivo milenario de tronco retorcido como las entrañas o como los dragones que tienen bajo su custodia el mundo subterráneo. Dibujan el pecho de la escultura figurillas en relieve de hombres del pueblo y, como corazón —corazón al aire—, avanza la cabeza romana de un patricio, sobre la que se alza la del filósofo ampurdanés Francesc Pujols.

En la espalda, en la penumbra de la clavícula, sonríe el semblante lejano de Raimundo Lulio, fusión de álgebra y mística, de rotación combinatoria y ascensión por la escala del ser. (¿No será un olivo el árbol luliano de las especies?)

La Figura está en postura simbólica de Melancolía, temperamento del filósofo y del que recuerda, humor saturniano de la especulación y de la reminiscencia. Su mano poderosa riza la cabeza o huevo, del que todo surge.

Recorremos ahora con los ojos la fachada del Teatro. En el centro, un Buzo, con la escafandra-fanal como bóveda celeste o cúpula neptuniana. Esta idea de penetración e inmersión la repiten y multiplican las figuras femeninas que en los balcones acompañan al Buzo. Son mujeres cuyo torso y vientre están perforados con agujeros amebiformes: desmaterialización del cuerpo en puro espacio y energía. Giulio Camillo llamaba a su Teatro de la Memoria un «alma con ventanas». Las figuras del Teatro de Figueras son cuerpos que se abren como ventanas, que se vanifican.

Mientras que el Buzo representa al visitante que se zambullirá en los espacios abisales del Teatro-Museo, las Figuras femeninas son el propio espacio, el propio lugar multiplicado y penetrado. La barra de pan que portan sobre sus cabezas (motivo tan importante en la pintura daliniana como el de las perforaciones) abre y sacia el apetito; es materia y comunión. Apóyanse en muletas (otro motivo central en la obra daliniana) que han de verse como «muletas de la realidad, gracias a la cual permanecen, en cierto modo, suspendidas sobre la tierra durante el sueño». Como Y pitagórica que, al decir de Dalí, expresan el «misterio de la bifurcación», de estas muletas ha dicho el pintor de Figueras: «Y desde entonces —se refiere a una experiencia infantil— esa muleta anónima fue y continuará siendo para mí, hasta el fin de los días, el *símbolo de la muerte* y el *símbolo de la resurrección*.»

Encima del Buzo y las Figuras femeninas, se extiende la serie de las armaduras, con su alusión a la exterioridad, a la piel hecha caparazón, a la exhibición, a una exhibición armada de fortaleza, pues el Teatro-Museo es, también, un juego de exhibiciones, en el que se representa lo que a menudo el espíritu tiene inhibido.

Más arriba —perfil dentado de la fachada—, figuras que saludan, que dan la bienvenida.

El vehículo para nuestro recorrido hállase estacionado en el Patio-Jardín. Su interior está regado con lluvias secretas. Es la intestinal lujuria de las selvas y los fondos submarinos. Lo llamo «vehículo hepático», pues el hígado —víscera pictórica por excelencia, que tiñe de oro los ojos—, constituye las raíces de la planta humana, la sede de los sueños. En el morro del automóvil se alza, opulenta y colosal, Mnemosine-Ester, la diosa de la memoria profunda. Abre Mnemosine los brazos, y mira a una figura sin cuerpo, que es sólo atuendo, situada en la ventana central del hemiciclo (frente al escenario). Su vestido se compone de placas o cuadradas miniaturas de la memoria. Su ser es sólo exterioridad. Su ser es sólo aparecer. Flanquean a la Figura-vestido dos Figuras-cadena, que personifican la práctica de conectar o eslabonar los diferentes lugares del Teatro de la Memoria. El filósofo y mnemónico del Renacimiento Giordano Bruno recomendaba esta práctica, y añadía que toda magia se condensa en el arte de establecer vínculos.

Como corona del Patio-Jardín despliégase un friso de veinticinco lavabos: escritura para una purificación atenta y numerosa.

¿Qué drama se representa en el Teatro de la Memoria de Dalí? ¿Qué misterio se celebra? El gran telón del escenario es lo bastante explícito. Representa el busto de un hombre. En su pecho ábrese una pesada puerta de aspecto micénico o egipcio. Esta figura de cabeza melancólicamente inclinada se asemeja a la que el propio artista empleó para ilustrar, en la *Divina Comedia* de Dante, al Demonio lógico (Canto XXVII del Infierno). Pero en el Teatro de Figueras cierto aire soñador ha dulcificado a la figura infernal que, como el dios del Tiempo de los griegos, tritura con sus mandíbulas miembros humanos.

¿Adónde se entra por la pesada puerta del telón? Se entra al interior de una Isla. La Isla es un Jardín. El Jardín es un Laberinto. Cortantes acantilados separan ese lugar íntimo, esa isla böckliniana, del oleaje, de los embates continuos que vienen del exterior, en tanto que hileras de cipreses clavan sus lúgubres lanzas en el cielo nocturno. Este drama de la soledad, drama del aislamiento, lo modulan las restantes imágenes que se ven en el escenario: plazas de toros, cuyo público es un cúmulo de calaveras —la bestia es sacrificada y transportada en un piano de cola, con séquito de prelados, mitras y aves noctívagas. Plazas de toros como marco de la imagen-doble de Venus y el Matador.

Juicio de Paris. 1950. Dibujo a tinta china, 62,2×76,5 cm. Col. Condesa Guerrini Moraldi, Nueva York.

Allí se ve al caballero Roger matando con un largo y buido rayo al dragón que tiene secuestrada a Angélica. Allí se ve, en un altar, un Cristo blando crucificado. El escenario del Teatro-Museo es la plaza, altar o gruta en la que se representa la pasión y muerte de la Apariencia. La cristalina cúpula que cubre ese espacio (vista desde el patio refleja la torre de la iglesia) proclama con su forma de orbe geodésico que el drama tiene lugar en «El gran teatro del mundo».

Escala ahora nuestro itinerario la Planta Noble. Allí: Newton, el péndulo. Velázquez, gola de las *Meninas*. Un torso femenino se convierte en rostro. Perseo se confunde con Cristo. Encima, un autorretrato de Dalí. En la pared opuesta, un retrato de Gala. Debajo de ella, un niño con bélica cimera.

En la bóveda de ese salón noble, el Palacio del Viento, cielo pintado por Dalí —reminiscente de los ideados por el barroco jesuita Pozzo— con algunos de sus temas y recuerdos más queridos. Un hombre y una mujer, Dalí y Gala, sostienen con sus manos ese cielo, ese Palacio del Viento. Junto a ellos, el busto del «Demonio lógico», ruedas de carros triunfales o de combinaciones lulianas, lluvias de oro de Dánae, el llano del Ampurdán...

Frente a la puerta de entrada de esa sala, destaca la pintura que representa a un anciano fluvial. Junto a las tres grandes diosas, o tres Gracias, vierte su inagotable cántaro de agua. Es el Tiempo. Al otro lado del tabique en que está colocado el Tiempo, en la sala que da a los balcones centrales de la fachada, se urden complicadas relaciones sobre el «imperialismo genético». Allí se ve el pesado y grande libro de Dalí *Dix recettes d'immortalité*, con su interior multiplicado en espejos, que abrazan el dorado trono-espina de pescado el cual, equidistante de las dos tapas del volumen, asciende como una escalera cuyos peldaños fuesen vértebras.

Como eco de este trono, al otro lado de la sala, se ve el retrato del rey de España, Juan Carlos I, con uniforme de marino. Le rodean diferentes imágenes alusivas al «imperialismo genético»: torres helicoides que surgen del sueño, como estructuras del ácido desoxirribonucleico. Junto a la escala de Jacob, el árbol de Jessé, la genealogía de Cristo, y el lema *Tetracedron abscisus vacuus*. El denominador común de esta sala es la inmortalidad a través de la transmisión genética y su legislación imperial.

Volvemos al salón del Palacio del Viento. En la sala de la izquierda numerosas zapatillas plantan sus huellas en el techo y el biombo de vidrio a cuyo través se percibe una escena de amor wagneriano. ¿Huellas de la pasión? Del techo de esa sala cae, como serpiente o helicoide, una línea de cucharillas —símbolo gnóstico predilecto de Dalí— en cuyo extremo inferior sonríe con sonrisa modernista una cabecita femenina. Hacia ella mira el torbellino molecular de la cabeza atómica, mientras que distraída, como el famoso *Espinario* del Jardín de la Isla de Aranjuez, una mujer pintada por Bouguereau se quita en la playa una espina que se le ha clavado en la planta del pie. Imagen de la distracción: el ojo se deja sumir por el punto inespacial de la espina. La distracción es la única experiencia que no admite reflexión sobre sí misma.

Frente a esta sala, al otro lado del Palacio del Viento, nos abre sus puertas uno de los espacios clave de este Teatro daliniano de la memoria, de este Museo de la memoria daliniana. Lo preside un tapiz que representa *La persistencia de la memoria*. Los relojes blandos parecen decirnos: Este es el momento decisivo, este es el Tiempo de este Teatro. Sólo dura lo blando. Lo duro no dura. Lo blando es el tiempo: la onda. «En cuanto a los relojes, ¡tendrían que ser blandos o no ser!», ha dicho Dalí. Los relojes blandos cuelgan en la pintura como un par de huevos fritos. Y los huevos fritos constituyen en la imaginación daliniana el recuerdo más arcaico de la vida prenatal, así como la expresión del movimiento incesante de los fosfenos retinianos.

Detengámonos en *La persistencia de la memoria*, pues con esta obra va engranado —como las ruedecillas dentadas de un reloj— el resto del Museo-Teatro. El motivo principal de la pintura es un reloj fláccidamente suspendido de la rama de un árbol situado junto al mar, en una suerte de *finis mundi*, de solitario paraje de acantilado y playa. El reloj suspendido del árbol adopta la forma exacta de un famoso tema legendario, muchas veces representado en la pintura, sobre todo en la española: nos referimos al tema del vellocino de oro. El reloj blando suspendido del árbol es, pues, una metáfora del toisón de oro que fueron a buscar Jasón y todos los grandes héroes griegos, tripulantes de la nave *Argo,* en la Cólquide, región del sol naciente.

La pareja semántica blando/duro que constituye el principio estructural de la representación, viene a ser un eco de otra pareja morfológica: la dureza de la cuerna del carnero y la blandura de su piel. Metáfora del tiempo, el toisón de oro representa al sol naciente, en el signo de Aries —el Carnero astral—, y está matizado de heráldico erotismo, pues el origen de la legendaria Orden de Caballería del Toisón de Oro, cuyo soberano y gran maestre es el rey de España, está asociado al vellón púbico de una doncella de la que se encaprichó el duque de Borgoña, Felipe el Bueno. El comercio de la lana y la piel de Gedeón redondean la constelación semántica en que se inscribe la Orden del Toisón de Oro.

Al igual que la esfera del reloj, instrumento emblemático de la realeza, el vellocino de oro, la piel del carnero, expresa la superficialidad en estado puro, el reino de la pura apariencia, sin la cual no existiría la pintura.

El fondo marino del cuadro resuena en el gran lecho que se encuentra en esta sala. Está formado por una concha gigantesca sostenida por cuatro delfines, mamífero acuático de sangre caliente, muy apreciado por los griegos, que veían en ellos los seres en que se reencarnaban las almas de los náufragos.

El tema enigmático de la esfinge aparece en diferentes elementos de esta sala. En el rincón junto al balcón se destaca un esqueleto de antropoide. Sus huesos están revestidos de pan de oro; están sublimados. Debajo de las vértebras, en la concavidad del esternón, se ve la cabeza berniniana en éxtasis de santa Teresa. Dalí ha tratado en este conjunto de armonizar contrarios.

Recientemente, Dalí ha colocado un nuevo cuadro que completa el valor simbólico de esta sala de *La persistencia de la memoria*. Trátase de unas ruedas lulianas, cuya rotación está conseguida mediante el movimiento de los fosfenos producido por un contraste óptico de colores. Con este cuadro, colocado sobre un cartel que representa *Le visage de la chance*, Dalí ha querido afirmar que su Teatro-Museo es un Teatro de la Memoria que gira sobre sí mismo como las ruedas combinatorias de Raimundo Lulio.

Hay a la derecha del escenario un rincón cuya escenografía constituye una complicada reflexión sobre el tema del vellocino de oro. Sobre un sillón alargado y óseo, en el que está recostada una figura de la que sólo se ve la cabeza, numerosos calderos, como los que se emplean para sacar agua de un pozo, cuelgan del techo. El tema del toisón-reloj lo representan aquí las cuerdas, lienzos y cortinajes que caen describiendo la curva típica de la catenoide. En la pared se ve la cuerna efectiva de un carnero. Debajo de ella, la espada alude al oficio imperial, a la potestad civil. La curva de la cuerna se repite, estilizada, en los bigotes de los guerreros y en otros motivos de este *locus memoriae*.

Sigamos nuestro camino por las imágenes de este Teatro. El poder polimorfo de las imágenes se puede observar en «el rostro de Mae West que puede ser utilizado como salón». En esta sala, la imagen se hace lugar. La cabellera se hace cortinaje. Los ojos, paisajes. La boca, sofá. La nariz, chimenea. Otro caso de este polimorfismo de la imagen, de su conversión en lugar, lo tenemos en la vitrina dedicada a la carretilla del *Angelus* de Millet, cuadro que le sirvió a Dalí como motivo desencadenante de su método paranoico-crítico.

Encima del *Moisés* de Miguel Ángel, a la izquierda del escenario, se ve un pulpo, y encima del pulpo la testa cornúpeta del rinoceronte (su cuerno es un ejemplo característico de curva logarítmica, a menudo empleada por Dalí). De nuevo aparece aquí la pareja contrastante de blando/duro, terrestre/acuático, visible/invisible. A los pies del Moisés se ven las ruedas combinatorias de Raimundo Lulio. Al igual que Moisés en la cima del monte Sinaí, Lulio tuvo la iluminación en la cima del monte Randa de Mallorca. Desde allí se ve la tierra como una gran rueda giratoria.

Como ruedas lulianas justamente, rodean el Teatro de Figueras tres pasillos circulares. Uno se llama *rue Trajan,* calle de Trajano —tres veces Jano—, el emperador español que salió de Triana (Traiana) para conquistar Roma y crear la *Romania* (antigua Dacia). Encabeza uno de esos corredores circulares un gran cuadro de Antonio Pitxot que se titula *Alegoría de la Memoria* (se le conoce también con el nombre de *Viaje al centro de la Tierra*, a causa sin duda de la honda caverna que representa).

Tres figuras femeninas, cuyos miembros son anamorfosis de rocas, se destacan en el centro de la resonante gruta. Trátase del grupo clásico de las Tres Gracias, coro en el que se triplica la unidad de Venus. Pero su colocación respectiva (una de las figuras se destaca de las otras dos, y se repite en el fondo de la gruta y en el primer plano) difiere de la versión clásica, que expresaba las tres operaciones de la Liberalidad —dar, recibir, devolver— o las trinidades neoplatónicas, comentadas por Marsilio Ficino y Pico de la Mirándola, de Belleza, Castidad y Placer (así en la *Primavera* de Botticelli) o de Belleza, Amor, Placer (como, por ejemplo, en la Medalla de Pico de la Mirándola). La figura que se repite tres veces y que aparece claramente destacada de sus hermanas simboliza, sin duda, la Memoria. La clave de la interpretación pitxotiana puede hallarse en el *Libro de la Contemplación* de Raimundo Lulio, en el que las tres potencias del alma son personificadas en tres nobles y hermosas damiselas. El filósofo mallorquín describe así sus operaciones:

«La primera recuerda lo que la segunda entiende y la tercera quiere; la segunda entiende lo que la primera recuerda y la tercera quiere; la tercera quiere lo que la primera recuerda y la segunda entiende.»

Hay una sala en el Teatro-Museo de Dalí, que comunica con el escenario y que con toda razón se llama *el tesoro*, pues contiene imágenes de las que el visitante podrá servirse en su recorrido mnemónico por el Teatro. Preside el tesoro la famosa *Cesta del pan*, que nos habla del carácter nutritivo de las imágenes expuestas en el Museo, y también de la comunión del arte.

Verdad es que el Teatro-Museo de Figueras, con sus floraciones delirantes, tiene mucho de infierno, pero se trata de un infierno aurificado, transcendido, transfigurado. Allá se ha llegado por las vías que exploran los confines laberínticos de la conciencia y sacan a la luz del día lo que tenemos escondido en los más recónditos pliegues del psiquismo. El Teatro es, por eso, una obra de publicidad. Una colosal ventana.

Ahora bien, los cuadros e imágenes de la memoria preparan para el olvido tanto como auxilian el recuerdo. Ocurre con esas imágenes lo que sucede con los contrarios que resuelven sus diferencias en la unidad: en la unidad armonizada de los opuestos hay una comprensión quieta que se asemeja a la memoria por la presencia, y al olvido porque el alma se apacigua y se sosiega en una infinita ausencia.

Pero el Teatro-Museo es un lugar de transformaciones y en transformación. Un día podrán precisarse los colores y marcos de los *loci memoriae*. Otro día podrá desplegarse una cadena o hilo de Ariadna que eslabone los lugares y auxilie al que se pierde en el espacio para que se encuentre en el tiempo. Otro día se distribuirá entre los visitantes gorros frigios, que les enseñarán que el objeto y la meta del viaje por la memoria es la conquista del Toisón de Oro, del Reloj Blando.

Mnemosine-Ester nos aguarda todavía en el Jardín-patio de butacas. El morro del vehículo surreal apunta hacia la puerta, hacia la salida. ¿La salida? ¿Se puede salir del lugar en que se está?

Lo primero que vemos es la clavícula de la Melancolía, la cabeza de Lulio. Volviendo hacia la izquierda rodeamos el Museo, y la mirada se eleva hacia la estatua de Meissonier, el pintor minucioso de la retirada napoleónica de Rusia y las roderas de carros y las pisadas de caballos en la nieve. Meissonier se alza sobre oscuros pedestales formados por ruedas de tractores. Y uno recuerda la frase que un día antes de este itinerario le dijo Dalí en el interior del patio blanco y amurallado de Portlligat:

—No pueden faltar los positrones, neutrones y protones.

—Eso, por supuesto.

Lo comestible

Los órganos más filosóficos del hombre son sus mandíbulas. Esta sentencia de Dalí no es un resumen de la filosofía del conde de Keyserling, según la cual el motor de la vida y la cultura humanas están en el hambre, sino que revela una de las bases más profundas de la personalidad artística de Salvador Dalí.

Quizá no sea ocioso decir que en el idioma español «sustancia» y «médula» son conceptos que valen tanto para la metafísica como para la gastronomía. Lo «rico» de un caldo es su sustancia, del mismo modo que la sustancia es, en el plano metafísico, lo que funda ontológicamente a un ser. Unamuno prefería hablar de la médula o meollo del ser, como si hablase de un cocido castellano de cuyo caldo se suele decir que «resucita a un muerto».

En Dalí lo comestible se confunde a menudo con lo real. Lo más real es lo más comestible. Lo más real es la comida más *rica*. Su pintura, en consecuencia, ha de ser supremamente comestible: el alimento más sustancioso, el alimento más exquisito para los estragados paladares del siglo XX, en los que ha querido infundir las segregaciones salivares de los banquetes homéricos en los que no es raro ver cómo se asan manadas de bueyes micénicos.

Cuenta Dalí que siendo todavía niño veía todos los objetos de la conciencia como si fuesen dulces y todos los dulces como si fuesen objetos de la conciencia materializados. Así, pues, su primer deseo infantil fue el de ser cocinero, de lo que pasó a querer ser Napoleón. La síntesis daliniana será la de cocinero-Napoleón, la de un glotón estético educado en los rigores herrerianos e imperiales de El Escorial. Precisamente, una de las «máquinas pensantes» inventadas por Dalí se basa en la idea del «Napoleón comestible», «en el que —dice Dalí— he realizado materialmente esos dos fantasmas esenciales de mi temprana infancia— nutritivo delirio oral y deslumbrante imperialismo espiritual».

Por ello, Dalí no tendrá inconveniente en asegurar que para él cincuenta copitas de leche tibia colgadas de una mecedora significan lo mismo que los rollizos muslos de Napoleón.

En las asombrosas ilustraciones que Dalí realizó a comienzos de los años 30 para *Los Cantos de Maldoror*, de Lautréamont, es donde tal vez se percibe de una manera más abrumadora esta identificación daliniana de Napoleón con lo comestible; la identificación, también, de nuestro tiempo con la carne, con la carnalidad que hace la boca agua, que estimula la segregación de las glándulas salivares e incluso provoca la agresividad. El tuétano del hueso, o médula, posee, según Dalí, el valor de la verdad, pero..., antes de llegar a ese momento sublime del espíritu-comestible, ¡qué singular y denodado combate entre los molares y el hueso!

Vísceras y huesos, jirones de carne y músculos desollados, miembros descuartizados o que se hacen tajos a sí mismos, fragmentos de fisonomías, transformaciones de rasgos faciales en concreciones óseas o blanduras intestinales, cuchillos, bisturíes y relojes-vísceras abundan en las citadas ilustraciones de Dalí a *Los Cantos de Maldoror*, obra clave en muchos aspectos del surrealismo daliniano de los años 30. En el prefacio a la exposición de esa obra en la Galerie des Quatre Chemins, de 1934, Dalí dice:

«Ninguna imagen es capaz de ilustrar más ''literalmente'', de una manera más delirante, a Lautréamont y *Los Cantos de Maldoror* en particular, que la que fue realizada hará unos setenta años por el pintor de los trágicos atavismos caníbales, de los ancestrales y terroríficos encuentros de carnes dulces, blandas y de buena calidad: me refiero a Jean-François Millet, ese pintor inconmensurablemente incomprendido. Es precisamente el mil veces famoso *Angelus* de Millet lo que, a mi modo de ver, equivaldría en pintura al conocido y sublime ''encuentro fortuito en una mesa de disección, de una máquina de coser y un paraguas''... la horquilla se

Canibalismo de los objetos. 1937. Tinta y gouache sobre papel, 63,5 × 48,2 cm. Edward James Foundation, West Dean, Inglaterra.

sumerge en esa real e insustancial carne que ha sido, para el hombre de toda la vida, la tierra labrada, se hunde en ella, digo en esa intencionalidad golosa de fecundidad, propia de las incisiones delirantes del bisturí que, como todo el mundo sabe, no hace sino buscar secretamente, bajo diversos pretextos analíticos, en la disección de cualquier cadáver, la sintética, fecunda y alimenticia patata de la muerte.»

En ese mismo prefacio leemos: «y ni una costilla cruda, tomada como modelo medio de los signos comestibles, ha sido depositada en la mesa del macho, cuando ya la silueta de Napoleón, "el hambriento", se forma y se dibuja súbitamente en las nubes del horizonte». Entre el cocinero y el hambriento, entre el creador de gustos y el receptor de experiencias «sabrosas» se dibuja la figura básica de la personalidad daliniana, oral figura de triclinio imperial sublimada en el arte.

En el pensamiento pictórico de Dalí lo comestible se desglosa en diferentes fenómenos relacionados entre sí: la boca, el pan, la carne, la leche (como en el caso de *La lechera* de Vermeer y la atención que ha puesto Dalí en esa obra), los huesos y la blandura de los huesos convertidos en carnes y tuétano, el acto de la masticación, a menudo efectuado en la pintura de Dalí por una calavera, lo que pone de manifiesto la relación entre la alimentación y la muerte, es decir, la mortalidad de lo corpóreo. A veces se eslabonan los términos alimentación-muerte-sexo-agresividad, como ocurre en el cuadro *Calavera de muerto atmosférico sodomizando a un piano de cola,* en el que la acción de sodomizar se produce por las mandíbulas de una calavera.

La mujer mítica amada, tan importante para entender la psicografía daliniana, puede adoptar los atributos de ciertos comestibles. Así, a la pregunta de un periodista que se extrañaba de que el artista hubiera pintado un retrato de su mujer con dos costillas asadas balanceándose sobre su espalda, Dalí respondió: «Me gustan las costillas y me gusta mi mujer, no veo ninguna razón para no pintarlas juntas.» Un año después de esta anécdota, en *El espectro del sex-appeal,* de 1934, una desmesurada salchicha o butifarra de forma semicircular forma la parte superior de un torso femenino.

Los dos lienzos que mejor sintetizan el carácter oculto de lo comestible, por el que se relaciona con la muerte, el destrozamiento y la guerra, son los titulados *Construcción blanda con judías hervidas. Premonición de la guerra civil,* de 1936, y *Canibalismo de otoño,* de 1936-37. En el primero de estos dos cuadros se ve cómo una oscura y salvaje mano estruja un pezón seco, mientras que una lengua, a la manera de un reloj blando, cuelga de una excrecencia carnosa, y aparecen alubias a los pies de la figura o, se diría mejor, del monstruoso mecanismo de carne. En el otro cuadro se pinta con exactitud de alucinación un macabro banquete, bien armado de cuchillos, tenedores y cucharas, en el que no faltan carne ni fruta. El maravilloso paisaje que envuelve con sus suaves oros de atardecer otoñal a las figuras «caníbales» contribuye poderosamente a que toda la escena posea los rasgos indubitables de una realidad alucinada.

Por sus valores plásticos y simbólicos tienen especial relevancia en la obra daliniana dos comestibles: el pan y los huevos fritos, y dos utensilios de cocina: la taza y la cucharilla.

El huevo frito lo encontramos en varias pinturas importantes de Dalí. En el *Sifón largo,* de 1937, hace juego con el caparazón de una tortuga y un seno femenino simultáneamente. En el *Huevo al plato sin el plato,* de 1932, aparece como motivo único de la pintura, suspendido de una cuerda, lo que le sitúa en conexión morfológica con motivos como el de los relojes blandos o el de la botella de Coca-Cola que cuelga de una cuerda en *Poesía de América,* de 1943. En *El momento sublime,* de 1938, un par de huevos fritos, como dos ojos saltones, aparecen en un plato debajo de un teléfono, otro elemento típico de la pintura daliniana de los años 30 (el teléfono a veces puede ser sustituido por una langosta, y en *Poesía de América* cuelga de la botella de Coca-Cola, en un caso bien claro de «reduplicación de suspensión», de que tanto gusta Dalí en sus composiciones pictóricas).

Para Dalí el huevo frito es, sin duda, el paradigma de toda materia blanda y consistente al mismo tiempo. Símbolo tradicional del nacimiento y de la cosmogénesis, está teñido también en la pintura daliniana de matices eróticos. En su escrito «Recuerdos intrauterinos» (capítulo 2.º de *La vida secreta de Salvador Dalí*) el artista explica el sentido y valores simbólicos que en su pensamiento más profundo tiene el huevo frito. Escribe: «El paraíso intrauterino tenía el color del infierno, es decir, rojo, anaranjado, amarillo y azulado, el color de las llamas, del fuego; sobre todo era blando, inmóvil, caliente, simétrico, doble, pegajoso. Ya en aquel tiempo todo placer, todo encanto estaba, para mí, en mis ojos, y la visión más espléndida, más impresionante, era la de un par de huevos fritos en una sartén; a ello se debe probablemente la turbación y la emoción que experimenté desde entonces, durante todo el resto de mi vida, en presencia de esta imagen siempre alucinante. Los huevos, fritos en la sartén, sin la sartén, que veía antes de nacer eran grandiosos, fosforescentes y muy detallados en los pliegues de sus claras levemente azuladas.»

Naturalmente, no es nuestra intención averiguar si Dalí tuvo o no tuvo efectivamente experiencias sensoriales prenatales que dejaran huella en su memoria, ni siquiera si lo que cuenta es verdadero o falso. Lo que importa para nuestra cuestión es que en las líneas anteriormente transcritas se proporciona una clave sobre la función simbólica que el huevo frito cumple en el universo imaginario de Dalí, dentro de la fundamental categoría de «lo comestible».

El pan y particularmente la barra de pan se sitúa en el otro polo del «comestible» daliniano. Es la contrapartida «dura» del huevo frito «blando». «El pan —dice Dalí— ha sido siempre uno de los temas de fetichismo y obsesiones más antiguos de mi obra, el primero, aquél al que yo le he sido más fiel.» A continuación, compara el artista la panera que pintó en 1926, cuando sólo contaba veintiún años (en el interior del recipiente se ve, a un lado, el pan troceado en rebanadas, y al otro, el cantero), con la más escueta y minuciosa de 1945 (el cantero de pan se asemeja claramente al cuerno del rinoceronte, estructura morfológica muy estudiada por Dalí, que la empleó sobre todo en su obra a partir de los años 40). Dice: «Efectuando una comparación precisa de los dos cuadros, todo el mundo puede estudiar en ellos la entera historia de la pintura, desde el encanto lineal del primitivismo al hiperestetismo estereoscópico.»

El cuadro titulado *Dos trozos de pan expresando el sentimiento del amor,* pintado en Arcachon el año 1940 tiene como tema central y casi único dos mendrugos de pan y unas migas. Es la contrapartida «dura» del *Huevo al plato sin el plato* de 1932. Mientras que en esta pintura del huevo frito lo importante es la forma combada, en la del pan cocido y reseco el rasgo morfológico más relevante es el fenómeno del desmigajamiento. Robert Descharnes cuenta, al comentar este cuadro en su *Salvador Dalí* (1973), que Marcel Duchamp, huésped a la sazón de los Dalí, intervino desde un punto de vista anecdótico en este cuadro: «Gala y él jugaban al ajedrez todos los días después del mediodía, al mismo tiempo que yo —refiere Dalí a Descharnes— me disponía a pintar estas rebanadas de pan. Me esforzaba en hacer una superficie muy lisa sobre la que se posaban migas rugosas de pan. A menudo se caían cosas al suelo, por ejemplo los peones. Un día, en vez de meterlos en la caja, uno de los peones se quedó plantado en medio de mi modelo de naturaleza muerta. Después, fue preciso buscar otros peones para continuar el juego, pues yo lo había utilizado y no quería que lo quitasen.»

A esta circunstancia duchampiana débese que en la obra que comentamos aparezca un peón de ajedrez entre los dos mendrugos de pan, confiriendo a la pintura un cierto aire metafísico, que hay que sumar a la mística corporeidad de los trozos de pan, que inevitablemente nos traen a la memoria las naturalezas muertas, tan simbólicas como realistas, de un Sánchez Cotán o un Zurbarán.

El pan aparece, naturalmente, en cuadros religiosos de Dalí, como su *Última Cena,* y *La Madona de Portlligat,* de los años 50. En estos cuadros la presencia del pan tiene una entonación más claramente religiosa, que se ha de superponer o conjugar, empero, con las significaciones antes aludidas, siendo tal vez la básica una manera de entender la pintura como harina que se cuece, dora, adquiere consistencia y sirve de alimento y comunión. Como metáfora de la operación pictórica, el huevo frito representa la fase «blanda», o aplicación del óleo sobre la tela, en tanto que el pan que se convierte en mendrugo expresa la fase en que el óleo se seca y adquiere consistencia.

Otros comestibles típicos de la pintura daliniana son las cerezas —particularmente, el par de cerezas, agrupación que Dalí relaciona con la pareja campesina del

Angelus de Millet, y que, sin duda, expresa en cierto modo «el misterio de la bifurcación», al igual que la muleta o la Y pitagórica—, y el racimo de uvas. El racimo de uvas y sus ecos morfológicos constituye el motivo central del cuadro *Periferia de la ciudad paranoico-crítica; primera hora de la tarde a la orilla de la historia europea,* del año 1936. El racimo de uvas, cuya forma de modelo molecular no pudo por menos de cautivar a Dalí, se repite crípticamente en otros dos motivos de esa tela: el cuarto trasero de un robusto caballo y una calavera de grandes cuencas oculares.

Los dos utensilios conectados con lo comestible más típicos de la imaginación daliniana son la taza y la cucharilla. De 1932 son los dos cuadros paradigmáticos de esta modalidad. En el titulado *Símbolo agnóstico,* una cucharilla de mango desmesurado marca en casi toda su longitud la diagonal del cuadro. El mango está doblado para rodear un guijarro, cuya forma recuerda el cantero de una barra de pan, y en el cuenco de la cucharilla se ve un diminuto reloj de bolsillo, análogo a los de *La persistencia de la memoria.* Pintura simple y a la vez barroca, la cucharilla adopta los atributos de una carretera o una serpiente de tronco filoso.

En *El verdadero cuadro de «La Isla de los muertos» de Arnold Böcklin a la hora del Angelus,* de 1932, aparece en la banda izquierda del lienzo un cubo de piedra, sobre el cubo una taza, y saliendo de la taza, a manera de pértiga, el mango desmesurado de una cucharilla, cuyo cuenco se oculta en el interior de la taza. De esta tela se cuenta que cuando su anterior propietario, el barón Von der Heydt se la mostró a Hitler, hizo sobre éste una fuerte impresión. En 1944-1945 Dalí hizo una nueva versión de esta obra a la que dio el título de *Media taza gigante voladora, con anexo inexplicable de cinco metros de longitud.* El islote que aparece al fondo está inspirado en el de la Rata, que se encuentra frente al Cabo de Creus. A propósito de la depurada composición geométrica de esta pintura dice Robert Descharnes en su citada obra: «Esta composición fue pintada en Nueva York y en California en el momento en que Dalí tuvo conversaciones apasionantes con el príncipe rumano Matila Ghyka, profesor de estética en la universidad de California del Sur. Dalí conocía a fondo sus obras, la *Geometría del arte y de la vida* y, sobre todo, el *Número de oro,* ensayo sobre los ritos y los ritmos pitagóricos en el desarrollo de la civilización occidental publicado en 1931, por haberlos leído en París antes de la guerra. La entera construcción del cuadro se organiza a partir del desarrollo de una espiral logarítmica rigurosa cuyo punto de arranque se halla en el asa de la taza.»

Próximo estructuralmente al juego taza-cucharilla se ve en otros cuadros dalinianos, como por ejemplo en *Mesa solar,* de 1936, el conjunto copa de vidrio-cucharilla (las copas y el velador están inspirados en los del casino de Cadaqués). En otros cuadros el grupo copa-cucharilla es sustituido por el formado por un tintero y una pluma. En el dibujo *Setiembre asetembrado,* de 1938, que posteriormente sirvió para ilustrar *La vida secreta de Salvador Dalí,* ejemplifica diferentes relaciones morfológicas de elementos tales como la copa-cucharilla, el tintero-pluma, la niña-campana, el racimo de uvas-nodriza sentada, etc.

En el *Retrato de Picasso,* pintado en California en 1947, sale de la boca del pintor malagueño una cucharilla de mango desmesurado, como la del *Símbolo agnóstico,* en cuyo cuenco destaca un diminuto laúd o guitarra. Obsérvese que la función que desempeñan en este retrato la cucharilla y el clavel, en el autorretrato daliniano de 1941, mucho menos enfático y mucho menos barroco que el dedicado a Picasso, corresponde a las muletas y una loncha asada.

No es necesario decir que el paradigma morfológico taza-cucharilla posee, a parte de sus implicaciones comestibles, determinados valores simbólico-sexuales. Pero ese gran admirador y lector de Freud que ha sido Dalí nunca se limita a pintar símbolos en crudo, sino que los matiza y condimenta; acierta siempre a colocarlos en una red de significaciones originales.

En las zonas limítrofes de lo comestible con el animal vivo surge la preferencia daliniana por las langostas y otros crustáceos de la gastronomía, cuyos organismos constituyen auténticos cuerpos-tuétano o bien estructuras duras protegiendo una masa blanda y alimenticia. A veces la langosta aparece en la imaginación daliniana como doble del teléfono, no sólo por su morfología sino también porque la estructura dura del aparato telefónico encierra una estructura blanda o verbal. En el capítulo primero de *La vida secreta de Salvador Dalí*, el artista desarrolla algunas de sus claves «comestibles» y en particular las que hacen referencia a los crustáceos:

«Lo directamente opuesto a la espinaca es la armadura. He aquí por qué me gusta tanto comer armadura, y especialmente las pequeñas variedades, esto es, los mariscos. En virtud de su armadura, pues su exoesqueleto lo es realmente, los mariscos son una realización material de la originalísima e inteligente idea de llevar los propios huesos fuera más bien que dentro, al revés de como se practica usualmente. De este modo el crustáceo puede, con las armas de su anatomía, proteger el blando y nutritivo delirio de su interior, tenerlo cobijado contra toda profanación, encerrado como un solemne y hermético vaso que lo deja vulnerable sólo a la más alta forma de conquista imperial en la noble guerra del descortezamiento: la del paladar.»

A continuación compara Dalí el cráneo de un pajarito, con su sabrosa sesada, con los mariscos, e incluso con las armaduras pintadas por Paolo Uccello, «y lo hacía con una gracia y misterio dignos de su real naturaleza de pájaro, a la que debía su nombre».

En el paradigma de lo comestible daliniano, el marisco o el crustáceo conjuga y comprende lo blando del huevo frito y lo duro de la corteza o el mendrugo de pan. Es, pues, el comestible «del paladar perfecto», el alimento más sustancioso. Además, es un comestible que, a diferencia del huevo frito o del pan, lleva implícita la idea del combate, el descuartizamiento y el arma (en cuanto que su degustación sólo llega después que se ha desarmado la armadura del caparazón, *casi* como cuando se desarma un aparato telefónico).

De ahí que las figuras del cocinero glotón y del Napoleón sanguinario formen grupo en la imaginación daliniana, y que en los límites de lo comestible nos demos de bruces con la caza sanguinaria: *La pesca del atún,* de 1966-1967, es la tela más representativa de esta zona limítrofe. De este cuadro, uno de los más ambiciosos y de mayores dimensiones pintados por Dalí, ha dicho Robert Descharnes: «El artista ha reunido en esta gran tela, pintada en Portlligat, todas sus tendencias, Surrealismo, "pompierismo quintaesenciado", Puntillismo, Action-Painting, Tachismo, Abstracción-geométrica, Pop, Op y Arte psicodélico... de una importancia comparable a su cuadro *Persistencia de la Memoria*.»

En la explicación que el propio pintor da de este cuadro, que lleva el subtítulo de *Homenaje a Meissonier,* y que le inspiró el relato que de la pesca del atún le hizo su padre con una entonación «homérica», así como el grabado de un artista «pompier» sueco que se hallaba en el despacho paterno, Dalí relaciona su pintura con la cosmología del jesuita Teilhard de Chardin: «Me di cuenta entonces que es precisamente esta limitación, contracción y límites del cosmos y del universo lo que hacen la energía posible... *La pesca del atún* es pues un espectáculo biológico por excelencia, ya que según la descripción de mi padre, el mar —que es azul cobalto que acaba por volverse enteramente rojo de sangre— es la fuerza super estética de la biología moderna. Todos los nacimientos van precedidos por el derramamiento maravilloso de la sangre, *la Sangre es más dulce que la miel,* la sangre es más dulce que la sangre. Y actualmente es América quien tiene el privilegio de la sangre, pues la honra de América está en que posee a Watson, el premio Nobel que ha sido el primero en hallar las estructuras moleculares del ácido desoxirribonucleico.»

Heredera del *Canibalismo de otoño,* pero más abundante y contrastada en sus correspondencias estilísticas, *La pesca del atún* —sangrienta orgía sado-masoquista— me trae a la memoria por su crudeza y barroquismo la descripción que hace un tal fray Gerónimo de la Concepción en su *Emporio del Orbe* (1690), refiriéndose a las almadrabas de la costa de Cádiz, adonde se llevaban miles de atunes para matarlos, trocearlos y salarlos. A la vista del sangriento espectáculo comenta fray Gerónimo de la Concepción con mal disimulado alborozo:

«Es tan gustoso el entretenimiento, ya por la fuerza de los brutos, ya por la variedad de los arpones y redes con que los prenden y matan, ya por lo ensangrentado que suelen dejar el mar, que no hay fiesta de toros que lo iguale.»

En las antípodas de la carnicera y sangrienta pesca del atún, hállase en la imaginación daliniana el comestible duro, reblandecido por la cocción, de las domésticas alubias o habas, uno de los platos favoritos de Dalí, cuya receta se complace en dar al lector de su Autobiografía secreta: «Han de guisarse con jamón y butifarra, y el secreto consiste en poner en la mezcla un poco de chocolate y una hojitas del laurel.»

Aunque como hemos visto, el marisco es el «comestible canónico» en la imaginación daliniana, el «comestible fundamental» es el pan. La «revelación del pan» y de sus virtualidades estético-simbólicas la tiene Dalí a comienzos de los años 30, cuando después de una comida hasta hartarse con un guiso de habas se puso a mirar distraídamente, pero con fijeza, un pedazo de pan. Sin poder dejar de mirarlo —cuenta— lo toma, lo besa por un extremo, lo chupa para ablandarlo, lo planta verticalmente sobre la mesa como un huevo de Colón, y decidió así «hacer objetos surrealistas con pan».

Cuando regresa a París, su divisa sería: «Pan, pan y siempre pan, nada más que pan.» Ahora bien, el pan de Dalí no será el dulce mendrugo de la limosna ni, al menos inicialmente, el manjar transustanciado de la comunión cristiana, sino «un pan ferozmente antihumanitario, era el pan de la venganza del lujo imaginativo contra el utilitarismo del racional mundo práctico, era el pan aristocrático, estético, paranoico, refinado, jesuítico, fenomenal, paralizante, hiperevidente, que las manos de mi cerebro habían amasado durante los dos meses de Portlligat».

Esta desnaturalización del pan surrealista —su conversión en lujo del paladar y venganza aristocrática— recuerda a la utilización que hizo Dalí de la leche en un objeto de funcionamiento simbólico («máquina pensante») en el año 1932, a la que el poeta comunista Aragon, que entonces militaba en las filas del Surrealismo, se opuso violentamente, en atención a ciertas consideraciones moralistas y supuestamente humanitarias que, por otro lado, no hacían al caso, aun cuando en el plano de los principios morales y en el terreno de la economía social fuesen muy respetables. En efecto, con toda seriedad y ante la estupefacción de todos, Aragon dijo: «Me levanto contra el proyecto de Dalí; los vasos de leche no se destinan a la fabricación de objetos surrealistas, sino a los hijos de los obreros sin trabajo.»

La operación de comer, su materia y sus complementos, constituyen el núcleo relacional básico en el que ha de situarse la personalidad artística daliniana, con todas las matizaciones, ciertamente, propias del caso. Pintar es, en este sentido, cocinar. Ver una pintura, comer. El gusto artístico se corresponde con el hambre y el paladar gastronómico. Los comestibles y sus útiles principales sirven de modelo para el concreto producto pictórico, fruta espiritual y sensorial por excelencia, que Dalí, a imitación de Vermeer, dejará madurar lentamente hasta llegar al dorado punto de sazón.

No sólo la pintura, sino también la poesía, la vio Dalí *sub specie* de comestible. En su época madrileña de los años 20, cuando Dalí era amigo inseparable de Federico García Lorca, la expresión favorita del pintor catalán era «comer». La impresión que la poesía de Lorca hizo en el espíritu de Dalí no pudo ser más «comestible».

«Lorca produjo en mí una tremenda impresión —cuenta Dalí en su citada obra autobiográfica—. El fenómeno poético en su totalidad y en "carne viva" surgió súbitamente ante mí hecho carne y huesos, confuso, inyectado de sangre, viscoso y sublime, vibrando con un millar de fuegos de artificio y de biología subterránea, como toda materia dotada de la originalidad de su propia forma. Yo reaccioné y adopté en seguida una actitud rigurosa contra el "cosmos poético". No decía nada que no fuese definible, nada cuyo "contorno" o "ley" no pudiera establecerse, nada que no se pudiera "comer" (esta era ya mi expresión favorita). Y cuando sentía el fuego incendiario y comunicativo de la poesía del gran Federico elevarse en locas llamaradas desgreñadas, intentaba sofocarlas con la rama de olivo de mi prematura vejez antifáustica, mientras yo preparaba las parrillas de mi prosaísmo trascendente, sobre las cuales, al llegar el día, cuando sólo quedasen las ascuas brillantes del fuego inicial de Lorca, llegaría yo para asar las setas, chuletas y sardinas de mi pensamiento... para satisfacer por unos cien años el hambre espiritual, imaginativa, moral e ideológica de nuestra época.»

La poesía que Dalí personifica en Lorca es comestible, sin duda, pero sobre todo es, en el pensamiento daliniano, el fuego del que el artista se servirá para cocinar sus frutos artísticos. Dicho de otro modo: la relación que la poesía tiene con el arte es análoga a la que tiene el fuego con los alimentos que con su ayuda se cocinan. Así, pues, el oficio artístico presenta dos momentos esenciales: el del fuego incendiario, comunicativo y anárquico, y el de las «leyes» de la cocina, esto es, el de la concreta y definible materialidad de la obra. En el comestible humano se concilian, por tanto, la pulsión más arcaica del organismo y la legislación más exacta del entendimiento. Lo comestible no es sólo una función del ciego organismo, sino que es también, sin perder esa índole, una función de la inteligencia creadora y civilizadora. Parafraseando el conocido adagio, puede afirmarse sin ironía que Dalí fue cocinero antes que artista, o lo que es igual: nunca dejó de explorar en las raíces comestibles del arte y de la aprehensión estética. No es otro el fondo del elogio que Dalí hace de la saliva y la baba. «Sí, cuando duermo y pinto, babeo de placer», dice. Y también: «Es innegable que todo buen pintor babea. Esto resulta de la concentración de su atención y de la satisfacción que le procuran las visiones que aparecen delante de sus ojos...» Pero las babas del pintor son paradójicas; pertenecen al orden canónico de los «crustáceos», pues es un fluido que se transforma, en la comisura de los labios, en «una verdadera cantera de escamas, parecidas a las de la mica». Dalí, como ha observado Gilbert Lascault, se deja fascinar por la idea de una suerte de saliva seca y en cierto modo geométrica, cuya expresión paradigmática sería «la baba quintaesencial de la araña». Dalí, sin duda, está de parte de la saliva de la araña —frente a la del perro—, de parte de una saliva que es hilo, línea y exactitud.

Ahora bien, la pintura de Dalí no sólo es comestible, sino que es, más particularmente, un comestible convertible.

Lo convertible

Desde los años 20 hasta el presente, una de las características más típicas y personales de la pintura daliniana es la presencia de motivos pictóricos sacados de la realidad que son ellos mismos y, simultáneamente, *otra cosa:* un reloj que *es* un queso de Camembert, un caballo que *es* un cuerpo de mujer o un racimo de uvas, una nube que *es* una fisonomía, una roca que *es* un automóvil, un busto de Voltaire que *es* una pareja de viejas señoras, una Venus de Milo que *es* la cara de un torero famoso, etcétera.

Las cosas son ellas mismas y otra cosa; son lo que son a simple vista, y lo que son por el ilusivo juego de la percepción. La realidad es, en conclusión, surrealidad, y la visión es, en el fondo, la realidad resultante del juego de la percepción. Mientras que un Velázquez pintó las cosas no como son, sino como aparecen en la retina del pintor, de suerte que se ha podido decir a propósito de su arte que es una pintura en primera persona, Dalí, por su parte, pinta las cosas no como son convencionalmente ni como se imprimen en la retina del que las mira, sino como realidades que juegan, engañan y seducen al ojo, y provocan en el espíritu al mismo tiempo un tren de asociaciones psíquicas y el agudo pitido turbador de sus ecos y resonancias íntimas.

Si lo comestible es la olla-matriz donde Dalí cuece su arte, lo convertible es el condimento con que lo sazona. Jugando con las paranomasias del idioma español, podríamos decir que lo comestible es la sustancia y lo convertible la esencia de la pintura daliniana.

En obras como *El hombre invisible,* de 1929-1933, o *El enigma sin fin,* de 1938, la realidad pintada equivale a un extraño rompecabezas: la realidad se puede descomponer y recomponer; es un juego de composición. Pintar es entonces componer una realidad visiva a partir de los elementos en juego. Pintar a la manera surrealista es recomponer esas piezas; es armarla siguiendo las leyes propias del delirio paranoico sistematizador.

Con singular brillantez ha descrito y estudiado Dalí el proceso delirante-sistematizador en su más importante obra teórica, *El mito trágico del Angelus de Millet,* escrita a comienzos de los años 30. La tesis de Dalí, que confirmaría Jacques Lacan, el cual no tuvo inconveniente en dejarse «adoctrinar» por Dalí en su propio terreno, es que la paranoia se halla en las antípodas de la alucinación debido a su carácter activo. Opuesto al automatismo del surrealismo bretoniano primitivo, el proceso paranoico supone un método y una crítica. Lacan, como Dalí, comprobará que la interpretación a que somete el sujeto paranoico los datos de la percepción forma parte del delirio alucinatorio. El psiquiatra y el artista llegarían a una misma conclusión: el fenómeno paranoico es de

Tarjeta postal que se convierte en cabeza de mujer picassiana (André Breton creía ver en la misma el rostro del marqués de Sade con peluca empolvada).

Rostro paranoico (basado en la imagen anterior). 1935, 62 × 80 cm. Col. Edward F. W. James, Sussex.

tipo pseudoalucinatorio. Dalí, por su parte, escogerá la «imagen doble» como ejemplo revelador del hecho paranoico, pues la imagen doble (así, las perceptibles en *El hombre invisible* o en el *Enigma sin fin*) posee la capacidad de hacer aparecer de una manera nítida «la consustancialidad del delirio y del hecho interpretativo», según la expresión de Patrice Schmitt.

Ligada al proceso paranoico, la imagen doble es, según Dalí, «la representación de un objeto que, sin la menor modificación figurativa o anatómica, es al mismo tiempo la representación de otro sujeto absolutamente diferente». Agrega Dalí que es debido a la falta de coherencia con la realidad y a lo que tiene de gratuita su presencia, por lo que los simulacros pueden adoptar fácilmente la forma de la realidad. «Y no sabemos si detrás de los tres grandes simulacros, que son la basura, la sangre y la putrefacción, no se esconde precisamente la anhelada ''tierra de los tesoros''.»

La imagen doble es, en la obra daliniana, el vehículo fundamental de los fantasmas; un vehículo que atraviesa los territorios del destrozamiento y la reunificación, de la descomposición y la recomposición. Su activa presencia en el psiquismo da cuenta del alto índice fantasmagórico que posee la realidad, e impone, por ello, al espíritu la conclusión de que la realidad es reversible y los objetos de la realidad convertibles. El psiquismo es, pues, en este sentido, el núcleo relacional donde tiene lugar la universal convertibilidad de lo real, que por eso mismo está empapada, en el fondo de su ser, de potencialidades fantásticas.

En *Le Surréalisme au service de la révolution* (París, dic., n.° 3, 1931), Dalí refiere cómo descubrió su «Rostro paranoico»:

«En el curso de un estudio, durante el cual me había obsesionado una larga reflexión sobre los rostros de Picasso y particularmente los de la época negra, me pongo a buscar una dirección postal en un montón de papeles y me doy de golpe de bruces con la reproducción de un rostro que yo creo de Picasso, absolutamente desconocido. De pronto, este rostro se borra y me doy cuenta de la ilusión (?)». Cuando, más tarde, muestra el «rostro» a Breton, éste cree reconocer un retrato de Sade, lo que se correspondía con el tipo de preocupaciones que por entonces le ocupaban. Tratábase en realidad de una imagen en la que se puede ver una cabaña africana semiesférica con un grupo de negros, sentados unos y recostados otros, delante. La «alucinación» se produjo porque, vista con un giro de noventa grados, la imagen se reconstruye con sorprendente verosimilitud en la forma de una alargada cabeza de aspecto cubista. Esa reconstrucción de la forma había «objetivado» los deseos y anhelos inconscientes que sentía Dalí en el momento en que dejó caer su mirada sobre la fotografía, lo que le indujo a especular sobre la capacidad que tienen nuestros anhelos inconscientes, nuestros deseos más íntimos, de recomponer la realidad. La imagen doble no hace más que materializar y poner en evidencia este poder estructurador-de-la-realidad que tiene sus raíces en las pulsiones del inconsciente.

Desde el *Rostro de Mae West que puede ser utilizado como salón,* que se encuentra en el Museo de Figueras, hasta el *Torero alucinógeno,* Dalí ha ido explorando, desarrollando y realizando artísticamente las virtualidades de la imagen doble, cuya muestra tal vez más extrema se ve en el cuadro titulado *El gran paranoico,* del año 1936. En esa misma línea están *Perspectiva* (1936-1937), *Cabeza de mujer con forma de batalla* (1936), *España* (1938), etcétera.

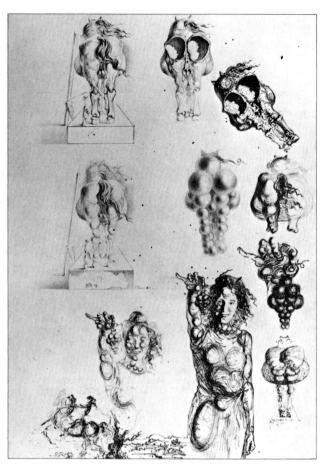

Estudio para «Las afueras de la ciudad paranoico-crítica». 1935. Tinta y lápiz sobre papel, 32,5×20 cm. Col. E. F. W. James, Esq., West Dean, Inglaterra.

Detrás de estas representaciones hállase ciertamente, la memoria histórica de los cuadros anamórficos tan de moda entre algunos pintores barrocos, como Arcimboldo, del siglo XVII. Pero lo que en esos pintores era un ejercicio virtuosístico, frente al telón de fondo de «la vida es un sueño», de «la realidad es engañosa» —tópico que empapaba las conciencias de la época— en Dalí lo que tenemos es una exploración por los contenidos ocultos del inconsciente, una investigación y profundización en las raíces fantásticas y delirantes de la realidad, de suerte que ésta aparece como la mera fijación, convencional y útil, de una fantasía.

La categoría fundamental en la que se inscribe el fenómeno que traduce la imagen doble —un objeto que es también otra cosa— es la de la convertibilidad, cuya primera constatación aparece en la sentencia filosófica de Heráclito: «Todas las cosas se convierten en fuego, y el fuego en todas las cosas, como el oro se trueca por las mercancías.» Otras sentencias del filósofo de Éfeso, así como la antropología del platonismo, desarrollan esta teoría, según la cual el alma humana se convierte en aquello que la ocupa, y la realidad es la materia sobre la que el alma proyecta su propia actividad. El neoplatonismo del Renacimiento —Pico de la Mirándola y Giordano Bruno en particular— llegará a ver al hombre como ser situado en medio de todas las posibilidades de realidad, de las cuales recibe el influjo.

Cabe decir que la exploración daliniana de la «imagen doble», del «dualismo de la realidad», es heredera de la antropología iniciada con Heráclito y Platón, y, dentro del cristianismo, con san Agustín, según la cual el hombre es un ser doble, hecho de mundanidad y transcendencia, y el mundo material no es más que un vivero o semillero del espíritu.

Ahora bien, en la biografía de Salvador Dalí nos llaman en seguida la atención ciertas anécdotas que pueden servir para explicar los rasgos de su personalidad que le predisponían al descubrimiento de la imagen doble y su posterior exploración pictórica.

«Tenía veintidós años —cuenta Dalí—. Estudiaba en la Escuela de Bellas Artes de Madrid. El deseo constante de hacer, sistemáticamente, y a cualquier precio, exactamente lo contrario de lo que hacían todos los demás, me empujaba a extravagancias que pronto se hicieron notorias en los círculos astísticos. En la clase de pintura nos hacían pintar una estatua gótica de la Virgen directamente del modelo. Antes de salir, el profesor había insistido repetidamente en que debíamos pintar exactamente lo que "veíamos".»

El joven Dalí acabaría pintando en vez de la Virgen gótica una balanza copiada de un catálogo, y ante la sorpresa del profesor y sus compañeros, se atrevió a insinuar:

«—Acaso vea usted una Virgen como todos los demás, pero yo veo una balanza.»

Posteriormente, el propio Dalí «explicaría» su especial visión mediante la asociación de ideas entre la Virgen y la balanza en los signos del zodíaco, y vería en esta mitificación una anticipación de su futura filosofía pictórica, «esto es, la súbita materialización de la imagen sugerida, la todopoderosa corporeidad fetichista de los fantasmas visuales».

En su *Vida secreta* cuenta Dalí cómo descubrió, a la edad de nueve años, el fenómeno del mimetismo, durante un verano pasado en Cadaqués, al observar entre unas plantas que crecen profusamente en las playas la presencia de un diminuto insecto con apariencia de hoja. «El descubrimiento de este insecto hizo en mí una desmesurada impresión, pues creí haber descubierto uno de los más misteriosos y mágicos secretos de la naturaleza. Y no hay siquiera la sombra de una duda de que este sensacional descubrimiento influyó desde entonces en la cristalización de las imágenes invisibles y paranoicas que pueblan la mayoría de mis actuales pinturas con su fantasmal presencia.» Más adelante agrega: «Cuando, mucho más tarde, al estallar la guerra de 1914, vi los primeros barcos camuflados seguir el horizonte de Cadaqués, anoté en mi libro de impresiones y reminiscencias personales algo parecido a lo siguiente: "Hoy encontré la explicación de mi 'morros de cony' (pues así llamaba yo a mi insecto-hoja) al ver pasar un triste convoy de barcos camuflados. ¿Contra qué se protegía mi insecto al adoptar su camuflaje, su disfraz?"»

Precisamente ha sido el disfraz una de las pasiones más fuertes del pintor en su niñez; una pasión que, por cierto, no haría sino crecer con los años. Parafraseando nosotros al propio Dalí, podemos preguntarnos: ¿Contra qué se protege Dalí al adoptar un camuflaje, al disfrazarse? ¿Hay que hablar de camuflaje, o más bien de exhibición? ¿No será que toda exhibición es un disfraz, una imagen doble, de la realidad que se exhibe? ¿No será que el camuflaje protector sea la contrapartida de la necesidad napoleónica experimentada por el yo para imponerse exhibiéndose?

Cualquiera que sea la respuesta que demos a estos interrogantes, siempre quedará un margen de duda sobre la autenticidad, no de la experiencia fundamental de la imagen doble, sino de aquellas otras en las que puede estar sobre todo en juego el mecánico virtuosismo del pintor y su poderosa imaginación. ¿Podemos tomarnos al pie de la letra afirmaciones como la de que «no comprendo por qué, cuando pido una langosta a la parrilla en un restaurante, no me sirven nunca un teléfono hervido»? Y, así, Dalí habla de «teléfono frappé, teléfono color de menta, teléfono afrodisíaco, teléfono-langosta, teléfono con funda negra para tocadores de sirenas con uñas provistas con fundas de armiño, teléfonos Edgard Allan Poe con un ratón muerto diminuto en su interior, teléfonos Böcklin instalados en el interior de un ciprés (y con una alegoría de la muerte incrustada en plata en su dorso), teléfonos andantes y amarrados, atornillados a la espalda de una tortuga viva... teléfonos... teléfonos... teléfonos...».

¿Hay experiencia artística genuina en la «recomposición de la realidad», en la reelaboración de los objetos, que se ejemplifica en el párrafo anterior? ¿No se trata más bien de mera combinatoria que se pone en movimiento a la manera de un mecanismo? No es fácil decidir cuándo hay experiencia genuina, y cuándo lo que se tiene no es más que el aséptico fruto de una combinación de elementos. Con todo, la respuesta podría hallarse en el propio hecho paranoico, en el cual la experiencia delirante va íntimamente unida a la actividad psíquica de un mecanismo interpretativo, o semántico, que da cuenta a la conciencia de los fenómenos perceptivos *de una manera paranoica*. Dicho de otro modo: delirio alucinatorio y mecanismo interpretativo son dos caras complementarias de un mismo hecho psíquico.

La contribución más importante de Dalí al Surrealismo y una de las más importantes al arte de nuestro tiempo ha consistido, a mi parecer, en la creación de imágenes enigmáticas capaces de suscitar, en nuestra visión convencional de las cosas, sentidos ocultos u olvidados, y de provocar, por ello, la aparición de estructuras simbólicas y asociativas altamente elaboradas.

Así, pues, los buenos oficios del método paranoico-crítico han logrado hacer del «comestible convertible» daliniano uno de los alimentos más exquisitos, seductores y enérgicos con que saciar el hambre y la necesidad que experimenta nuestra sociedad de consumir realidades simbólicas nuevas y de conocer los secretos mecanismos que las regulan.

Tarde de otoño en Portlligat

Recientemente, en una tarde de comienzos del pasado otoño, me acerqué, acompañado del pintor Antonio Pitxot, a la residencia de Dalí en Portlligat. Al igual que en días anteriores, entramos en el salón redondo en torno al cual podría decirse que gira, como una de esas ruedas lulianas que tanto apasionan al pintor, la entera casa, que como escalinata arquitectónica de impecable albura trepa por los acantilados de la bahía en dirección a la vieja torre-atalaya, motivo éste no infrecuente en la pintura daliniana.

Ese salón oval, en cuyos extraños ecos es imposible no reparar, es la estancia predilecta de Gala, tal vez —se me ocurre aventurar— porque la esposa del pintor se identifica allí con la figura espacial que en la antigua Grecia simbolizaba a la diosa Hestia, diosa del hogar y de la intimidad femenina, frente a la figura cuadrada de palestras y ágoras, presidida por Hermes, dios de los intercambios comerciales y de las conversaciones en la plaza.

Frente por frente de la chimenea de esa estancia, adornada con un rústico arco conopial y flanqueada por dos colmillos de elefante, se puede ver un icono de la Virgen Negra de Kazán, en el dintel de la puerta de entrada. Entre los numerosos objetos que atestan los huecos de la sala, entre los cuales resalta una cabeza vítrea de Nerón

adolescente, me fijé aquella tarde en un huevo de gran tamaño finamente dibujado a la mina de plomo con el conocido tema daliniano de «Leda y el Cisne», y también con una inscripción de amor. No es necesario decir que el modelo de Leda fue la propia Gala. Mientras contemplaba el dibujo di rienda suelta al juego de las analogías, que me llevó a comparar la forma del huevo con la de la sala en que nos encontrábamos, por lo que decidí bautizarla para mis adentros con el nombre de salón del huevo. ¿No sabemos ya que el huevo ocupa un lugar de preferencia entre los «comestibles» pictóricos dalinianos? La evocación del Templo del Huevo, en Anatolia, cuya imagen vi por primera vez en la obra *El mundo como Laberinto* de G. R. Hocke, ha sido ciertamente posterior.

No habían transcurrido cinco minutos de espera ocupada en platicar con Gala, cuando por la puerta apareció Dalí de magnífico humor. Venía canturreando con su voz más bien ronca que aceitunada, canciones de la tierra, patacadas de Cadaqués, probablemente de principios de siglo y hace ya tiempo olvidadas, cuyas letras, satíricas cuando no salaces, Dalí recordaba con infalible exactitud. Un mismo ritmo, sencillo y pegadizo, más propio de fiestas y bailes populares que de los ecos producidos por la acústica de la sala oval, acompañaba a las diferentes letras en las que alternaban lo humorístico y lo picante con viajes a Nápoles en barco, frailes que se desmandan y referencias a establecimientos de Cadaqués, de moda a principios de siglo, como la casa Laris.

Con el mismo buen ánimo Dalí recitó, después de las patacadas, un famoso poema catalán y algunas cuartetas aragonesas, dos de las cuales me llamaron la atención. Una de ellas, que exhalaba un cierto aroma de paleofuturismo popular, decía: «Carretera rueda arriba, carretera rueda abajo. Lo primero que se encuentra, el palo del "tilingrafo"». La otra databa presumiblemente de la época en que Dalí se incorporó al movimiento surrealista, y decía: «Pintura de actualidad es la surrealista, y don Salvador Dalí el que más fama le da.»

El preludio musical había concluido. Con cambio súbito de tema, Dalí nos preguntó: «¿Qué es lo que más diferencia a los animales del hombre?» Era un enigma en toda regla, como aquel tal vez por el que la leyenda cuenta que murió Homero, apenado de no haber resuelto el acertijo —referente a los piojos— que le propusieron unos niños que jugaban en la playa. En el silencio que se hizo después de la pregunta, Gala, Antonio Pitxot y yo nos miramos. Uno de nosotros aventuró que lo que más diferencia a los animales del hombre es la inteligencia o quizá la memoria, lo que, bien considerado, no era del todo convincente, pues es indudable que ciertos animales como el elefante están dotados de una proverbial memoria y, en cuanto a inteligencia, a menudo se puede ver que algunos animales ejecutan acciones que suponen razonamientos silogísticos u otro tipo de inferencia.

Dalí volvió a repetir la pregunta y los demás, a quedarnos pensativos. Cuando por fin nos dimos por vencidos, Dalí dijo con énfasis: «Lo que más diferencia a los animales del hombre es el suicidio.» Y agregó: «Los animales no se suicidan nunca.» Nos ganó, con todo, la casuística y debatimos los casos del escorpión y del castor, a los que ocurre en determinadas ocasiones darse muerte a sí mismos, pero a la postre ninguno de los cuatro admitimos que se tratase de auténticos suicidios. Pues el suicidio no es sólo un acto voluntario, lo cual por sí mismo sería un rasgo diferencial entre la posibilidad humana de suicidarse y la del escorpión o el castor, sino que, además, en el suicida hay voluntad de no volver a tener voluntad de nada. Hay, pues, una voluntad que se revuelve contra sí misma. El animal, díjose durante esta conversación, vive en la satisfacción y el ser, en tanto que el hombre, en la insatisfacción y en una extraña mezcla del ser y la nada.

Dalí repetía: «La idea de matarse no se da entre los animales», y a continuación: «El cerebro no puede mandar en el animal la señal de matarse a sí mismo.» A este propósito se habló de la singular capacidad imaginativa del hombre y de la peculiar «enfermedad» que es ser hombre. Dalí reforzaría este pensamiento con toda una sentencia: «El artista es una enfermedad en toda regla.» ¿No descubrió Dalí por los años 30 que un proceso paranoico críticamente controlado puede ser un método precioso de creación artística, de exploración del inconsciente materializable en arte?

Frente a la situación del animal, que no cuenta con esa posibilidad, humanísima posibilidad, de matarse, citó Dalí el caso «de aquel filósofo griego que se arrojó al volcán para matarse». Referíase, sin duda, a Empédocles, respecto a cuya figura y doctrina nos extendimos por unos minutos. Dalí veía en el acto supremo de Empédocles arrojándose al Etna una acción soberanamente humana. Gala entonces intervino para insinuar la posibilidad de que Empédocles se arrojase al volcán no para desaparecer, sino porque, convencido de que no iba a desaparecer, buscaba una leyenda eterna en la que perpetuarse por esa muerte.

Entonces dijo Dalí, haciendo hincapié en sus palabras: «En la torre Gorgot habrá un maniquí que se mata a sí mismo.» Sin duda, Dalí había estado jugando mentalmente en los días anteriores con esa idea, con la legendaria acción postrera de Empédocles, y en ese momento, cuando se confirmaba la ampliación de su Teatro-Museo de Figueras con la adquisición de la Torre Gorgot, pretendía tal vez liberarse de la misma con el simulacro del maniquí que se mata a sí mismo. El suicidio había sido conjurado, y el tema que empezó a absorbernos fue el de la Torre Gorgot. «En esa torre —dijo Dalí— se pueden hacer todas las cosas de las Ruedas Lulianas.» Aludía con esto a uno de sus temas predilectos, que ya nos había ocupado en tardes anteriores, y al que se ha hecho referencia en este escrito.

Precisamente, la primera tarde en que le visité a comienzos del otoño, me recibió con un pequeño discurso que en resumen decía: «Le voy a decir dónde encontró Raimundo Lulio el Teatro de la Memoria. Fue cuando entró galopando a caballo en una iglesia y violó allí a una mujer desnuda a la que abrió el cuerpo, y halló entre sus vísceras un cáncer. Ese cáncer era el Teatro de la Memoria, y yo he pintado las ruedas lulianas de la memoria que puede usted ver allí», y sañaló hacia un punto de su estudio que se encontraba a mi espalda. Me volví y pude ver un cuadro en el que estaba pintado un círculo verde dentro de una ancha corona circular roja, a manera de ruedas lulianas. En el centro se distinguía, como tenue sombra, el rostro de una mujer. Lo sorprendente era que a causa del fenómeno perceptivo que origina el contacto de los colores complementarios rojo y verde, parecía como si las ruedas diesen vueltas «de verdad» sin pausa ni descanso. «Incluso si aparta de ellas la mirada —agregó Dalí—, usted seguirá viendo cómo dan vueltas las ruedas.» Así era, en efecto, y también podía uno sentir que las percibía cuando, después de desviar la mirada del cuadro, la fijaba en la blanca pared que servía de fondo a la pintura. Lo único que en ese momento se me ocurrió decirle a manera de comentario fue que había hallado el *perpetuum mobile,* el movimiento circular eterno, y que lo más curioso del caso era que ese movi-

miento no lo ocasionaba la fuerza mecánica de una máquina, sino la estructura de nuestra percepción.

«El movimiento de las ruedas de este cuadro —me contestó Dalí— es permanente debido al fosfeno que irradian y que no se detiene nunca. Los fosfenos están en perpetuo movimiento, y son un simulacro de la lluvia de oro que representa mi Museo de Figueras. En la pintura del techo de la Planta Noble hay una representación de la lluvia de Dánae. Por si no lo sabéis —añadió mirando a Gala y Antonio Pitxot—, os diré que del techo caen hilos que llevan atadas en el extremo monedas verdaderas.» Si eso es cierto, no lo he podido comprobar, pero se me ocurrió que bien podía ser una versión «aérea» de la antigua costumbre de enterrar unas monedas de oro, o «telésmata», cuando se echaban los cimientos de una casa o edificio.

El cuadro que motivó esta conversación lo colocaría el propio pintor en su Museo pocos días después de esta visita —acto del que se hizo eco la prensa en su momento. Después de probar diferentes posibilidades, lo colocó, siguiendo una sugerencia de su esposa, en la sala de la Planta Noble donde se halla el tapiz de la *Persistencia de la memoria,* sobre un cartel de grandes proporciones pintado por Dalí para la Lotería Nacional francesa, de suerte que debajo de las ruedas luliano-dalinianas de movimiento fosfénico se podía leer el lema del cartel: «*Le visage de la chance par Dali*». Memoria y suerte, suerte y memoria quedaban de ese modo combinadas en las ruedas lulianas del Teatro de la Memoria. Esta colocación no era un asunto de poca monta, pues por haber situado el cuadro de las ruedas en la Planta Noble y debido a que, como señaló Dalí, «nobleza obliga», esas ruedas «obligaban», como hilo de Ariadna entretejido con un juego de percepción, al resto del Teatro-Museo, y le obligaban precisamente a convertirse en un aparato rotatorio de la memoria, análogo a los diseñados por Giordano Bruno en su obra titulada *De umbris idearum (Sobre las sombras de las ideas).*

Pero volvamos a la tarde en que Dalí suscitó en forma de enigma el tema del suicidio, para pasar después a hablar de la Torre Gorgot. Quedamos en que Dalí dijo: «En la Torre Gorgot se pueden hacer todas las cosas de las Ruedas Lulianas.» Más adelante veremos cuáles eran las cosas a las que aludía Dalí, y con ello entraremos en el tema de las relaciones entre la literatura y pintura, en el terreno de la *picta poesia,* en el que sin duda nos toparemos con importantes claves para entender la personalidad artística de Salvador Dalí.

Sonó el teléfono. Dalí estaba nervioso por saber los acuerdos a que llegaba el Patronato del Museo, que aquella misma tarde, día de la Virgen de la Merced, estaba reunido para decidir la ampliación de la Torre Gorgot. Se le comunicó desde el otro lado de la línea que el acuerdo había sido tomado, por lo que todos, muy contentos con la feliz noticia, nos dimos la mano, y Gala mandó traer champán rosado para cumplir con el rito del brindis. Dalí, como es su costumbre, se limitó a mojar el extremo del dedo corazón en las burbujas.

Estábamos en esa celebración, dispuestos a reanudar la plática, cuando vinieron con el inesperado aviso de una visita. No habían acabado de entrar en la sala los recién llegados, cuando Dalí me tomó del brazo y me pidió que le acompañase a su estudio para seguir la conversación, lo que hicimos a continuación, dejando al cuidado de su esposa la tarea de atender a los visitantes. Después de pasar por la habitación de las fotografías —todas las paredes están recubiertas de fotografías hechas en diferentes momentos de la vida del pintor— y de bajar varias escaleras de la tan accidentada orografía de la casa, entramos en el taller. Me decía: «El señor que hemos dejado allá arriba quiere mostrarme unas diapositivas hechas por locos, pero eso naturalmente —agregó con un deje irónico— no me interesa nada, pues de ese asunto sé más que él. Lo que quiero es una comunicación más humana.»

Ya en el taller, nos pusimos a hablar de Jasón, los argonautas y el vellocino de oro, temas a los que habíamos dedicado bastantes horas de conversación y que, recurrentes de una manera más o menos explícita en su obra, tienen la virtud de convocar múltiples asociaciones plásticas y literarias. Le traje entonces una reproducción del cuadro de la escuela de Rubens —es obra de Erasmus Quelinus— que se guarda en El Prado. Representa el momento en que Jasón se lleva la piel de oro, que acaba de robar en la Cólquide gracias a la ayuda que le ha prestado Medea, hija del rey, mujer mágica y apasionada que se ha enamorado del héroe extranjero procedente de la lejana Grecia.

Mientras contemplábamos la reproducción del cuadro, Dalí me señaló el ademán que hace Jasón, «que va deprisa y corriendo —observó— al ver, asustado, la estatua de Marte, que le mira desde su altar con tono de amenaza y reproche». Me explicó que se disponía a pintar de un modo especial, con oro verdadero, el vellocino de oro, y que pondría en el otro brazo de Jasón un espejo paraboloide —me pareció entender— que le sirviera a manera de escudo. Como deseaba mostrarme más claramente el sentido que quería dar al tema y el aspecto que tendría en el lienzo, me pidió que le trajese un papel para dibujar en él la figura. Pero la casualidad quiso que, mientras estaba buscándolo por el taller, me fuera a topar con un libro encuadernado en piel, que yacía en el suelo. Al verme con el libro entre las manos, Dalí dijo con una exclamación: «¡Ah! ¡Tráigamelo! Lo he estado buscando durante mucho tiempo sin encontrarlo.»

Cuando puse el libro en sus manos, quiso Dalí que viésemos, uno por uno, todos los numerosos grabados que contiene. El libro era un volumen de formato mediano y, ciertamente, de características bastante singulares, que se delataban ya desde el mismo título, el cual rezaba: «Camino Real de la Cruz». Su autor era un tal Hercino. Tratábase de una traducción española editada en la segunda mitad del siglo XVIII.

Dalí, que parecía muy satisfecho de tener el libro entre las manos, comentó: «Es como un Vía Crucis, pero es algo más: es el Camino Real de la Cruz.» Después de hacer una pausa, añadió: «Yo haré ampliaciones de los grabados para ponerlas en la Torre Gorgot, así como en el Teatro están ya las Cárceles de Piranesi.» Mientras lo abría, dijo: «Será el Camino Real de las Ruedas Lulianas, un camino que irá a parar al gran estanque que hay allí.» Ese estanque pensaba Dalí convertirlo en un auténtico estanque de las especulaciones lulianas de la Cruz. Me contó luego que ese libro se lo había encontrado Gala hacía bastante tiempo en una librería de viejo, y que había en él grabados realmente sorprendentes, todos ellos acompañados de unos versos que expresan el sentido del dibujo, más una meditación piadosa en correspondencia con la escena representada.

No acertaba yo a ver cómo ese Camino Real de la Cruz podía utilizarse como Ruedas Lulianas, cuestión que el pintor me aclararía explicando que todos los grabados del libro presentan un tema relacionado con la cruz, como en seguida pude comprobar, por lo que puede decirse con absoluta exactitud que la cruz se combina rotatoriamente con todas las imágenes. Pero no sólo se combinan con las imágenes las diferentes cruces que, en su tránsito emblemático por el libro, acaban creando un verdadero bosque, como el que imaginaba Raimundo Lulio, cuando veía el universo del saber y las ciencias en

forma de bosque, sino que, además, junto con la cruz otras dos figuras se repetían indefectiblemente en todos los grabados, la del Alma y la de Jesús, representados respectivamente por un niño y un niño con aureola, según es costumbre en los emblemas piadosos desde el siglo XVI. Así, pues, Alma, Jesús y Cruz, en perpetua combinatoria, irían circulando por ese Camino Real de las Ruedas Lulianas de la Cruz, según se complacía en decir Dalí.

El primer grabado, cómo no, representaba un empinado y angosto camino, todo sembrado de cruces, que asciende por la ladera de un monte hasta la cumbre. Recordaba al Camino de Perfección que imaginó y dibujó san Juan de la Cruz. Si el primer grabado representa el *locus*, el lugar genérico donde se desarrollarán las meditaciones del libro, el segundo plasmaba la *imago*, es decir, las diferentes imágenes de la cruz: en efecto, allí, frente al fondo del monte, veíanse cruces de las más diferentes especies y tamaños, cruces en haz como palos de golf, si se me permite el anacronismo, o como flechas y espigas en gavilla; cruces con forma de Tau, como la cruz de san Andrés, o de cruz de Lorena; cruces, por último, con forma de horca para recoger las gavillas del cereal, esa horca que prefigurada en el *Angelus* de Millet, pintura favorita de Dalí por sus virtualidades delirantes —constituye el ejemplo fundamental del método paranoico-crítico daliniano—, tantas veces aparece en la obra del pintor ampurdanés, a fin de sostener materias blandas, o de expresar el «misterio de la bifurcación y el símbolo de la muerte y resurrección».

Avanzábamos por el Camino Real de la Cruz, cuando llegamos a una imagen que le gustó particularmente a Dalí: veíase al Alma en gesto de renunciar a la música, figurada por un laúd, a los placeres de los sentidos, representados por una copa rebosante de frutas y flores, al amor humano, simbolizado por un corazón que el Alma pisotea, e incluso al saber y la ciencia, designados mediante la imagen de un libro arrojado al suelo. Cuando más tarde enseñó a Gala y Antonio Pitxot este grabado, Dalí exclamaría a modo de aclaración incontestable: «La musique à la m..., les plaisirs à la m... Tout pour la Croix».

En el singular Vía Crucis dieciochesco que estábamos recorriendo, veíanse escenas tales como la del Niño Jesús abatanando con un mazo al Alma, que cuelga de una cuerda como si fuese ropa que se va a enfurtir. Había, en efecto, en aquellos grabados escenas que diríanse sacadas de una fantasía acaloradamente surrealista. La crueldad —una forma mística de crueldad, naturalmente— no se hacía esperar en aquel Vía Crucis, en aquella carretera tan accidentada de la cruz. ¿No se veía en uno al Niño Jesús, secundado por un ángel, en la ruda operación de clavar en el sagrado madero al Alma? ¿No se veía en otro al Niño Jesús clavado en la cruz y, esto era lo estupefaciente, con dos cabezas, una de las cuales correspondía al Alma? ¿Y qué decir de aquella otra imagen en la que en una misma cruz se ve clavada al Alma por un lado, mientras que por el otro asoma su faz de sátiro pagano el diablo? Venía luego una cruz empleada por el divino Niño como carretilla, lo que, inevitablemente, me trajo de nuevo a la memoria los análisis paranoico-críticos que, en *El mito trágico del Angelus de Millet*, hace Dalí sobre la carretilla, cargada de evocaciones sexuales, que se ve en el lienzo del pintor francés.

Pero las tres imágenes que en aquel Camino Real de la Cruz más fascinaron a Dalí —y he de añadir que también a mí— fueron las siguientes: en una se veía al Niño Jesús empleando la cruz como si ésta fuese una tensa ballesta, un complicado y contundente arco que el propio dios Apolo no habría desdeñado en aquel pasaje famoso del Canto primero de la *Ilíada*. Contrapuntando la crudeza de esta cruz-ballesta venía seguidamente un grabado en el que lo que se veía era, ni más ni menos, a Jesús utilizando la cruz como si ésta fuese el arpa de David. Ambos dibujos, el de la cruz-ballesta y el de la cruz-arpa, estaban muy logrados, y me hicieron pensar en la sentencia de Heráclito que dice: «Nombre del arco (*bíos*) es vida (*biós*): su función es muerte», y aún más en aquella otra que dice: «No entienden cómo, al diverger, se converge consigo misma: armonía propia del tender en direcciones opuestas, como la del arco y la lira.»

No cabe duda que esas imágenes eran una adaptación de los juguetes mecánicos y utilitarios, por los que tanto se apasionaban los hombres del Siglo de las Luces, a unos fines piadosos que no habían echado en olvido el gusto por la agudeza de ingenio de la edad barroca. Por ser, además, figuras raras y desacostumbradas hechas, por su capacidad de impresionar vivamente la imaginación, de acuerdo a los preceptos del arte mnemónica, esas imágenes serían recordatorios e hitos piadosos excelentes en el Camino Real de la Cruz. ¿Y no constituían ejemplos clarísimos de imágenes dobles, de objetos que son ellos mismos y otra cosa?

«Quiero llegar al barco», dijo entonces Dalí de improviso. «Quiero llegar al barco», repitió cuando vio mi expresión de sorpresa, explicable porque unos días antes, durante la visita al Teatro-Museo que he mencionado más arriba, le había dicho yo a Antonio Pitxot, mientras tenía puesto el pensamiento en la nave *Argo*: «Falta un barco: tendría que haber en el Museo un barco, si ha de contar con un instrumento adecuado la búsqueda simbólica del vellocino de oro.» ¡Y cómo era el barco que, páginas adelante, nos salió al paso en el Camino Real de la Cruz! ¡Cómo era el barco descubierto por Dalí para su Teatro rotatorio de la Memoria! Lo que en el libro se veía era un bajel con mástil en forma de cruz, en el que el Alma movía el remo, cuya forma era también de cruz, en tanto que el Niño Jesús pilota la nave, manejando para ello un sorprendente timón con forma también, por tercera vez, de cruz. A menudo se ha dicho que la Iglesia, como el estado, es una nave; pues bien, ante nuestros ojos teníamos esa nave literalmente crucificada.

Interrumpió nuestro camino de la cruz el alcalde de Figueras, que llamaba por teléfono para confirmar el acuerdo tomado sobre la Torre Gorgot. Dalí se puso al teléfono, y después me dijo: «Usted me ha visto hablar con el alcalde, ¿eh? He estado hablando con el alcalde.» Minutos después retornamos al salón oval, para reunirnos con Gala y Antonio Pitxot. Todos volvimos a hacer aquel dieciochesco itinerario combinatorio, delirante y crucificado. Camino real, como mandan los cánones. Itinerario por la memoria por un Museo-Torre que se ve ampliado en la imaginación. Lástima que no grabase en ese cireneo de la inteligencia que es la memoria las estrofas piadosas que acompañaban a las imágenes del Camino, pues de haberlo hecho, ahora podría adelantar *in vivo* la paráfrasis del horaciano *ut pictura poesis* que exponemos a continuación, seguros de que nos servirá para entender más cabalmente ciertos aspectos importantes de la obra de Dalí, que sólo se vuelven inteligibles cuando se mide en toda su extensión el contagio poético o literario sufrido por la pintura en este siglo y particularmente en la pintura surrealista.

Picta poesis

El alejamiento —pues se trata de un alejamiento más bien que de un divorcio— entre pintura y poesía, entre artes del diseño y artes literarias, es un fenómeno bastante reciente, que, a despecho de haberse extendido en los últimos decenios, no puede afirmarse que sea un hecho consumado. Es un fenómeno que, por otra parte, no ha impedido la proliferación de la figura intelectual del crítico de arte, el cual, además de tomar el relevo al poeta y esforzarse en cumplir, después de la pintura, lo que aquél desempeñaba antes de la pintura, emborrona con suma facilidad y ubicua presencia los periódicos y revistas, a fin de que no falten las salsas en las tajadas que periódicamente se ofrecen en las salas consagradas a la exposición y venta de obras de arte.

Frente al mutismo del arte abstracto, en el que el artista suele estar poco menos que convencido de que con él empieza el mundo, en el que el afán de una originalidad soberana le coloca en las expresionistas selvas del primitivismo cuando no en los desiertos marginales o anteriores a la palabra, pues su mundo es el puro espectro del color y el espacio, sólo cabe la palabra, poética o no, en el segundo acto de la representación, en el que el escritor oficiará como sacerdote cuya función primordial es la de bautizar la crisma del recién nacido antes de barajarle en el conjunto de los llamados bienes del espíritu.

Sin embargo, una atmósfera cargada de literatura gravitará sobre las pinturas del Surrealismo. Pero en esta escuela, como en seguida veremos, la voz que se invoca es análoga a la que, al decir de André Breton, «estremeció a Cumas, Dodona y Delfos», y la fusión de «las dos artes» a la que aspiraba el gran maestre de la orden surrealista se orientaba en el sentido de la hegemonía de la pintura sobre la poesía o, para decirlo con Breton, «parece que sea en la pintura donde la poesía haya encontrado un más amplio campo de influencia». Más adelante examinaremos este curioso fenómeno avistado por Breton. Por ahora sólo diremos que, en ese mismo discurso, Breton señala como artista en el que se funden las dos artes a Dalí, del cual dice «que la lectura de algunos fragmentos de sus poemas produce tan sólo el efecto de dar vida a unas cuantas escenas visuales más, a las que, sorprendentemente, la vista otorga el resplandor propio de los cuadros de este artista».

El distanciamiento definitivo —o tenido por tal— entre pintura y poesía sólo llegará a producirse cuando el pintor, al igual que el poeta que se esforzaba en llegar al extremo de la poesía pura, pretendió deshacerse de toda impedimenta intelectual y, endiosado en sus hermosos colores y sus abstractos lineamientos, se propuso a sí mismo y a su obra como altar sin santo, como bien en sí, como puro ser angélico cuya naturaleza, en vez de intelectual, sería material y sensible a secas. Estos artistas habían olvidado aquellas proféticas palabras que Juan Jacobo Rousseau escribiera, con un aroma de visión utópica, de exploración de islas incógnitas y de polémica antimecanicista, doscientos años antes en su *Essai sur l'origine des langues*. No nos queremos privar de transcribir la larga y jugosa cita rousseauniana, que se halla en el Cap. XXXI, «De la mélodie», de la obra citada.

«Imaginad —escribe allí— un país en el que no se tuviese idea alguna del dibujo, pero en el que mucha gente consume su vida combinando, mezclando y relacionando colores, y cree que con ello sobresalen en la pintura. Cuando se les hablase de la emoción que producen los cuadros bellos y del encanto de enternecerse ante un tema poético, sus sabios pondríanse al punto a profundizar en la materia, compararían sus colores con los nuestros, examinarían si nuestro verde es más tierno o nuestro rojo más resplandeciente; buscarían los acordes de color que pueden hacer llorar, los que pueden excitar la cólera. Los Burettes de ese país reunirían en unos guiñapos algunos jirones desfigurados de nuestros cuadros; luego se preguntarían con sorpresa qué hay de tan maravilloso en esos colores.»

Tras esta descripción del arte de un país que por su amor al análisis, la óptica y la filosofía sensualista ha arribado al arte abstracto más académico, Rousseau, que está dejándose ganar por el gusto ilustrado a las utopías y la exploración de tierras desconocidas, agrega:

«Si en alguna nación vecina se empezase a formar algún trazo, algún esbozo de dibujo, alguna figura por más imperfecta que fuese, todo eso sería tenido por una mamarrachada, por una pintura caprichosa y barroca, y se atendrían, a fin de conservar el buen gusto, a aquella belleza simple que en realidad no expresa nada, pero que hace brillar bellos matices, grandes chapas coloreadas, grandes degradaciones de tonalidad sin ningún trazo.»

Supone después Rousseau que en ese país de artistas científicos y telas abstractas, un sabio llega a la experiencia del prisma y la descomposición de la luz, y que da una conferencia ante sus colegas en estos términos:

«Todas esas palabras misteriosas de dibujo, de representación de figuras son pura charlatanería de los pintores franceses, que mediante sus imitaciones creen transmitir no sé qué movimientos del alma, cuando es sabido que no hay más que sensaciones. Se os cuentan maravillas de sus cuadros, pero vosotros atended a mis matices.»

Ciertamente, el arte de Dalí está en las antípodas del arte previsto y vanamente conjurado por Rousseau, pero tampoco puede decirse en modo alguno que se corresponda con los gustos pictóricos del filósofo ginebrino ni con los del siglo en que a éste le tocó vivir, pues salvo en sus pinturas más literalmente realistas hay en la pintura daliniana mucha investigación pura de lo que podríamos llamar física pictórica, mucha investigación en el tipo de energía que corresponde a cada tipo de representación, y hay en su arte —en sus obras más significativas— una especie de saturación poético-simbólica capaz de pulsar registros ocultos del psiquismo y la percepción en una proporción nunca o pocas veces alcanzada en la historia de la pintura.

En otra parte he estudiado las relaciones de pintura y poesía en el Renacimiento y el Barroco, dentro del marco de la obra daliniana, por entender que en la obra del pintor catalán hay mucha sintonía con la memoria cultural de esos siglos, si bien no conviene extremar las analogías del arte de Dalí y el de esas épocas, pues en la obra de nuestro pintor bullen otros elementos expresivos de nuestro tiempo, así como de sus descubrimientos y conflictos.

A fin de precisar las relaciones entre pintura y poesía en Dalí, vamos a recurrir a un clásico en la materia, el *Laocoonte* de Lessing. Poesía y pintura aseméjanse, según el estético prusiano, en que tanto la una como la otra «ponen ante nosotros cosas ausentes como si fuesen presentes; nos muestran la apariencia como si fuese realidad; ambas engañan y su engaño nos place». Ahora bien, mientras que el pintor sólo puede pintar la realidad de un momento o un momento de la realidad, dado que las figuras que crea son estáticas e impermeables al tiempo, el poeta, en cambio, dispone de ese recurso negado al pintor tradicional que consiste en poder mostrarnos la fluyente línea por la que, entre situaciones y conflictos que se abren y cierran sucesivamente, se desenvuelve y manifiesta la realidad humana, uno de cuyos componentes fundamentales es el tiempo. El pintor imagina estados de cosas, el poeta acciones, lo que no es óbice para que en los estados pintados por aquél se vislumbre o pueda vislumbrar la acción que allí los puso y la que de

allí pueda derivarse. De otra parte, el poeta está obligado a representar sus acciones mediante la composición de una serie de estados encadenados entre sí, cuyas correspondencias son temporales, de acuerdo con las leyes del discurso lingüístico.

Mientras que el poeta tiene la facultad de representar dos tipos de acciones, las visibles y las invisibles, en la obra del pintor todo ha de estar traducido al idioma de las imágenes visibles y estáticas, que por eso mismo suelen poseer una capacidad más intensa de impresionar la sensibilidad.

¿Qué es lo que diferencia radicalmente a pintura y poesía? El servirse de medios expresivos distintos. Los signos pictóricos son colores y figuras distribuidos en el espacio; los poéticos son signos articulados que van sucediéndose a lo largo del tiempo. En la una se procede por yuxtaposición de los elementos en el espacio; en la otra, por su sucesión en el tiempo.

Hay zonas limítrofes entre la pintura y la poesía. Cuando la poesía trata de emular a la pintura, tenemos la poesía descriptiva. Cuando la pintura trata, por su parte, de emular a la poesía, tenemos, nos dice Lessing, la pintura alegórica y jeroglífica, tan típica del Barroco.

A propósito de la pintura española del Siglo de Oro, en que la opinión corriente se ha inclinado a ver la seca, descarnada y castiza retina del realismo sin trampa ni cartón —un realismo, es verdad, *sui generis*, poblado de pícaros, bufones, místicos y príncipes adustos—, un estudioso como Julián Gállego insiste en que «el cuadro *se lee*; todos los demás méritos de la pintura no son sino el pedestal que hace brillar más ese contenido, intelectual y visual». No es que el citado autor, en su *Visión y símbolos de la pintura española en el Siglo de Oro*, pretenda «hallar unas reglas de descifrar», pero de hecho nos ofrece en su estudio «interpretaciones válidas de ciertos elementos de la pintura española del siglo XVII» y señala «la existencia de un mecanismo de *lectura*».

Esta complicidad de lo poético y lo pictórico, tan en boga en los siglos XVI y XVII, siglos en cuyo espejo tanto gusta de mirarse Dalí, ha reaparecido pujante e inundatoria de la mano del Surrealismo, con los elementos propios de nuestro siglo. Ningún ismo puede parangonarse con el surrealista en su pretensión de fundir «las dos artes»: si los cuadros surrealistas tienen un aire de jeroglíficos pictóricos, los poemas surrealistas llegan a veces, por su parte, a constituir auténticos ideogramas literarios, en los que ni siquiera se ahorra la utilización de diferentes tipos de letra, a fin de transmitir un mensaje icónico entretejido con el poético.

A semejanza del romanticismo, que por su amor a lo exótico, a lo anticlásico y a lo subjetivo fue en tantos aspectos precursor del Surrealismo, este movimiento trató de «remontarse —como dice Breton— a las fuentes de la imaginación poética y, lo que es más difícil todavía, quedarnos en ellas». La gran revelación que el Surrealismo quería hacer al mundo era, ni más ni menos, la revelación radical de la Imagen, de la que Pierre Reverdy decía «es una creación pura del espíritu».

Visto en términos estéticos, la aportación surrealista se resume en el proyecto radical de forzar la analogía poético-pictórica, a fin de provocar el abrazo, de consecuencias imprevisibles, de dos realidades lejanas entre sí. Para decirlo con palabras de Reverdy: «Cuanto más lejanas y justas sean las concomitancias de las dos realidades objeto de aproximación, tanto más fuerte será la imagen, tanta más fuerza emotiva y realidad poética poseerá...» Esta profundización en las fuentes de la imaginación, este culto al poder de la imaginación creadora y a la fuerza de la imagen —preconizado por el romántico

Coleridge y, antes, por Plotino y la Gnosis—, constituyeron los requisitos y componentes de una nueva poética y una nueva estética; y levantaron también el plano estratigráfico gracias al cual poder descubrir, como tesoro oculto a muchas millas de profundidad, junto con el principio de fusión de lo poético y lo pictórico, la divisoria que separa estas categorías de la «intervención reguladora de la razón» o de la moral.

La posibilidad de conciliar términos alejados entre sí, cuando no contrapuestos, fue el supuesto en el que reposaba «el libre ejercicio del pensamiento», según lo entendieron Breton y los surrealistas. Es la suya una posición radical, que comporta la necesidad de un diálogo multidireccional entre las cosas y sus representaciones. De ahí que de la apuesta surrealista hayan podido derivarse, con la misma facilidad, hallazgos de gran valor y ejemplos insuperables de trivialidad o babelismo.

En *Situación surrealista del objeto, situación del objeto surrealista*, del año 1935, es donde Breton expone más claramente su teoría de la fusión de pintura y poesía. «A decir verdad —dice allí—, parece que sea en la pintura donde la poesía haya encontrado un más amplio campo de influencia; la poesía ha arraigado tan firmemente en la pintura que ésta puede, en nuestros días, pretender compartir, en gran medida, con aquélla el objetivo más vasto de cuantos puede ocuparse, que es, también según palabras de Hegel, el de revelar a la conciencia las potencias de la vida espiritual. En los presentes momentos, no hay diferencia en los propósitos fundamentales entre un poema de Paul Éluard o de Benjamín Péret y una tela de Max Ernst, de Miró, de Tanguy. La pintura, liberada de la preocupación de reproducir básicamente formas del mundo exterior, utiliza ahora, a su vez, el único elemento exterior del que ningún arte puede prescindir, a saber, la representación interior, *la imagen presente en el espíritu.*»

Repárese en que Breton refiere la asimilación de lo poético y lo pictórico a la imagen, común denominador de ambas artes. Como quiera que la pintura está en contacto más íntimo, según Breton, con las fuentes de la imagen, de ahí deriva que la poesía adquiera un campo más vasto de influencia en la pintura. Repárese también en que esa imagen no es el mero correlato mental de los objetos externos ni tampoco una suerte de idea platónica, sino el fruto espontáneamente producido y productivo de la vida espiritual, del psiquismo. A la manera de Marcel Proust, que veía en la operación de escribir la acción de traducir el libro misterioso que está escrito con caracteres jeroglíficos en el interior del alma, el artista surrealista se esforzará en escanciar en la copa de un idioma sensible —espacial y cromático— los misteriosos signos que brotan espontáneamente de las profundidades del espíritu. Así, pues, según el surrealismo, incumbirá de una manera especial a la pintura la hazaña de revelar a la conciencia las potencias del espíritu, y eso sólo podrá realizarlo «transubstanciándose» de poesía; haciéndose ella misma poesía.

Pocas líneas después del texto citado es donde Breton afirma: «La fusión de las dos artes suele realizarse en nuestros días de modo tan integral que, para hombres como Arp o Dalí, resulta indiferente, y, valga la expresión, expresarse con medios poéticos o expresarse con medios plásticos... La pintura ha sido el primer arte que ha conseguido ascender gran parte de los escalones que la separaban, en cuanto a modo de expresión, de la poesía.»

De la misma manera que el dodecafonismo barrió los esquemas tonales de la música anterior, el Surrealismo declarará suprimidas las diferencias que según Lessing separan, por servirse de diferentes medios expresivos, a la poesía de la pintura y a ésta de aquélla. La poesía ya no es el desideratum de todo arte, sino que la pintura puede gloriarse de compartir con ella el cetro de las creaciones espirituales, incluso con ventajas que la elevan sobre la condición de su antigua señora. De este modo, el pintor correrá el riesgo de ser, si se atiene a la estética surrealista, el traductor que plasma en el plano las ideas del poeta, de cuya sustancia se nutre.

Es precisamente de ese intento de confundir lo poético con lo pictórico de donde procede, en términos globales, la facilidad con que el pintor surrealista engendra monstruos, y coloca en un mismo plano lo agradable y lo repulsivo, lo hermoso y lo deforme, lo trivial y lo magnífico. Mientras que el pintor educado en la tradición clasicista aceptaba sin titubear ciertos tipos bellos y unívocos para representar las realidades, de modo que Venus siempre aparecerá en sus cuadros como una criatura hermosa y atrayente, Juno majestuosa y matriarcal, Minerva arrogante y varonil, etc., pues de lo contrario sus figuras pictóricas serían irreconocibles, el poeta siempre se ha podido permitir la libertad de describirnos una Venus combativa de talla gigantesca y gesto feroz, con las mejillas enrojecidas y los ojos inyectados de sangre, sin que por ello sufra detrimento alguno la imitación poética, pues esa imagen tremebunda sólo ocupa un momento, un instante en el flujo del discurso literario. Esa visión de Venus que hemos esbozado, o de cualquiera otra realidad que pictóricamente responda a un tipo formal, «es solamente —dice Lessing— un momento para el poeta, porque él tiene el privilegio de enlazarlo con otro episodio en el que la diosa es Venus, nada más que Venus, y de enlazarlo, digo, de modo tan próximo y preciso que nosotros, los lectores, aun bajo la forma de furia, no perdemos de vista a la diosa del amor».

Pues bien, con ese privilegio del poeta ha querido alzarse el pintor surrealista, y ha pretendido convertir lo que era tan sólo un momento del discurso poético en un cuadro en toda regla, sin que para tal empeño le arredre la «falta de enlace» en que insistía el estético neoclásico.

La capacidad que Breton observó en Dalí de expresarse con análogo acierto en la poesía y la pintura, el artista catalán la ha reafirmado varias veces a lo largo de su vida, como por ejemplo en su singular *Vida secreta de Salvador Dalí*, o como cuando escribió en el Prólogo del Autor de su novela *Rostros ocultos*: «Pero nada menos que en 1922, el gran poeta Federico García Lorca predijo que yo estaba destinado al cumplimiento de una misión literaria y sugirió que mi porvenir estaba precisamente en la "novela pura".» Más adelante, dice: «El año 1927, hallándome sentado al sol primaveral en el café-bar Regina, de Madrid, en compañía del llorado poeta Federico García Lorca, planeamos conjuntamente la composición de una ópera de gran originalidad... El día en que recibí en Londres las noticias de la muerte de Lorca, quien fue víctima de la ciega historia, me dije a mí mismo que yo solo haría nuestra ópera.»

Aunque esa ópera, que yo sepa, nunca ha sido realizada, de lo que no cabe duda es de que Dalí es uno de los pintores de nuestro siglo que han escrito más y mejor, siendo para él un acto espontáneo el de conjugar los pinceles con la pluma. Breton lo incluyó en su *Antología del humor negro*, y anteriormente sus escritos habían llamado poderosamente la atención de escritores de la calidad de un Lorca. En el próximo capítulo analizaremos el poema de Dalí titulado *San Sebastián o la Santa Objetividad*, no sólo por ser un texto ejemplar de las relaciones entre poesía y pintura, sino sobre todo porque se exponen dos categorías clave para entender la estética daliniana.

Nuestra teoría del contagio de lo literario en lo pictórico nos permite hallar una explicación a las presencias más inquietantes que se advierten en la pintura daliniana, como es el caso de las imágenes dobles o de la convertibilidad de los objetos.

Una imagen —toda imagen— es, considerada en cuanto tal, un fenómeno ajeno a cualquier veleidad «convertible», por serle esencial el estatismo, la inmovilidad. Sólo y cuando esa imagen se conecta o entra a formar parte del proceso psíquico de aprehensión, del discurso de interpretación semántica, puede decirse que es ella misma y otra cosa. Dicho de otro modo: sólo cuando la imagen se engrana en un proceso poético —dando a este término toda su amplitud— se convierte, sin dejar de ser lo que es ella misma físicamente, en un texto pictórico que es preciso leer, que se propone como enigma que hay que descifrar. Por eso mismo, la convertibilidad que observábamos en los objetos de la pintura daliniana no se puede explicar en términos exclusivamente pictóricos, sino como componentes de un sistema interpretativo y, por lo tanto, literario.

Incluso el carácter «comestible» de la pintura daliniana sólo puede entenderse dentro del marco de referencias pictórico-poéticas que hemos propuesto. Pudimos ver cómo los «comestibles» dalinianos constituyen estructuras simbólicas y responden a un sistema de interpretación de la realidad. Por eso, la representación de un huevo frito suspendido de una cuerda, o la de dos migajas de pan y un peón de ajedrez, o la de unas habas, o la de una taza con el mango de una cucharilla, todas esas representaciones no valen sólo por sus calidades pictóricas, sino también porque esas calidades pictóricas expresan una idea que se puede transmitir mediante palabras. No hay privilegio de lo poético sobre lo pictórico, sino fusión de «las dos artes».

Este contagio poético-interpretativo de la pintura daliniana da así cuenta de cuadros surrealistas como el de «los relojes blandos», en el que el tiempo se representa plásticamente mediante la viscosidad de la materia, por ser el tiempo una onda fluida. Dalí no ha hecho sino trasladar al objeto reloj el atributo «fluido» con que se suele representar el tiempo. Los otros valores simbólicos del objeto habrían de ser vistos también desde este mismo punto de vista de la fusión de lo literario con lo pictórico.

Por otro lado, tan pronto como se acepta la intervención de lo poético en el núcleo mismo de lo pictórico, no cabe hablar de «figuras monstruosas», en su acepción tradicional, pues por serlo potencialmente todas ninguna lo es ya. El problema no estará en evitar o suavizar lo deforme y monstruoso, sino en hacerlo poéticamente significativo, sin que por ello el hecho pictórico pierda las cualidades estéticas que le son propias.

Un dato que conviene tener en cuenta a este respecto es el que Salvador Dalí se halla entre los grandes pintores de este siglo que más ilustraciones han hecho de obras literarias (*Los Cantos de Maldoror, La Divina Comedia, Don Quijote, La vida es sueño, Tristán e Isolda,* etc.) y no de una manera externa o marginal, pues algunas de sus pinturas más importantes se han nutrido de esas lecturas. Por todo esto creo que puede afirmarse que Dalí es el autor de las «poesías mudas» o de las «pinturas parlantes» más conocidas de nuestro tiempo, y así mismo un claro *exemplum* de eso que ha dado en llamarse «la civilización de la imagen».

Recientemente, el propio Dalí me ha proporcionado una confirmación de lo que aquí llamo «contagio de lo literario en lo pictórico», cuando me explicó la génesis de su último cuadro, en el que se hallaba trabajando en los momentos en que escribo estas líneas (22 de junio de 1982).

En la conversación que mantuve con Dalí en el castillo de Púbol el pasado 19 de junio, después de examinar el cuadro titulado *Los tres enigmas gloriosos de Gala,* que se encontraba delante de nosotros en el mismo salón en que tenía lugar la entrevista, me dijo que el cuadro que estaba realizando se titulaba *Roma.* Como el título me llamó la atención, agregó que lo había llamado así porque era un cuadro de historia, «y la historia es Roma».

En ese cuadro se ve, o se verá cuando esté terminado, una cabeza romana erosionada por golpes de piedras y un brazo que cae como el de Marat en el conocido cuadro de David. Yo no acababa de comprender el engarce entre la figura del famoso revolucionario agonizante y los otros elementos «romanos». Dalí entonces explicó:

—La relación está en que Roma significa la persecución, el martirio, que es lo que representa mi figura.

Después de hacer una pausa, añadió:

—El cuadro tiene que ver con mi tragedia, que se titula *Mártir.*

Mandó entonces traer una carpeta azul en la que guarda el artista todo lo que ha escrito en los últimos años con vistas a esta tragedia inacabada. Me pidió que leyese en voz alta uno de los papeles, en el que el personaje del Heresiarca dirige a Roma un solemne y soberbio apóstrofe, escrito en versos alejandrinos. De ahí pasó Dalí a referir la trama de la obra.

En resumen, tenemos, pues, un tema literario en la base de un motivo pictórico. *Roma* no es, ciertamente, la traducción a imágenes de la tregedia *Mártir,* pero no cabe duda que en la génesis de aquel cuadro se halla esta tragedia, y que por tanto se puede hablar de una equivalencia entre lo pictórico y lo literario, de un modo de darse eso que Breton llamaba «la fusión de las dos artes». Lo literario y lo pictórico forman dos líneas de curso paralelo en la personalidad y creación artística de Dalí; dos líneas a las que en estos momentos se les puede dar los nombres de *Mártir* y *Roma.*

San Sebastián y los Putrefactos

San Sebastián o la Santa Objetividad es un largo poema dedicado por Dalí a su amigo Federico García Lorca, que en julio de 1927 apareció en el n.º 1 de la revista el *Gallo,* que dirigía el propio Lorca desde Granada. Testimonio de primera importancia sobre el doble contagio que poesía y pintura experimentan en la obra daliniana, trátase de un poema de gran fuerza visual y, al mismo tiempo, de la detallada descripción de un cuadro, en el que ya están prefiguradas las líneas maestras de la pintura que produciría Dalí en su época plenamente surrealista de los años 30 en París.

Y es algo más: este poema constituye una auténtica declaración de principios estéticos, en la que se opone e integra, armonizando contrarios, la estética de la precisión rigurosa, geometría transcendentalizada, desnudez irónica y elegancia agónica, con la estética que Dalí califica de «putrefacción» y que, localizada en el romanticismo tardío, se traduce en una visión sensiblera, lacrimógena y cursi del mundo. La singularidad del poema *San Sebastián o la Santa Objetividad* no se le escapó a García Lorca, que le escribe entusiasmado a Ana María, hermana del pintor: «He recibido *L'Amic de les Arts* y he visto el prodigioso poema de tu hermano. Aquí en Granada lo hemos traducido y ha causado una impresión extraordinaria. Sobre todo a mi hermano, *que no se lo esperaba*, a pesar de lo que le decía. Se trata de una prosa nueva, llena de relaciones insospechadas y sutilísimos *puntos de vista*. Ahora desde aquí adquiere para mí un encanto y una luz inteligentísima que hace redoblar mi admiración.»

La lectura del poema puede asegurarnos que no fue sólo el calor de la amistad lo que hacía hablar a Lorca en términos tan fervientes. En ese texto poético hállase la estética daliniana de cuerpo entero y pueden rastrearse claves que posteriormente desarrollará en el escrito fundamental del surrealismo daliniano, *El mito trágico del Angelus de Millet*, que con sus rigores crítico-sistemáticos del delirio paranoico provocaría una revolución dentro de la revolución surrealista, pues el surrealismo daliniano se compondrá de fuertes dosis de esa «putrefacción» que tan agudamente supo ver en el arte decadente de fin de siglo y sus llantos posrománticos, y de fuertes dosis de ultraprecisión heliométrica, de Santa Objetividad para fijar los cuerpos medúseos, piliformes, filamentosos y fluidos del arte finisecular.

Que Dalí percibió lo «putrefacto» como dialéctico contraste de la Santa Objetividad, es una conclusión que se deduce con toda evidencia del poema, cuyos últimos párrafos se centran precisamente en la putrefacción. Leámoslos:

«Putrefacción: El lado contrario del vidrio de multiplicar San Sebastián correspondía a la putrefacción. Todo a través de ella era angustia, oscuridad y ternura aún, por la exquisita ausencia de espíritu y naturalidad. Precedido por no sé qué versos de Dante, fui viendo el mundo de los putrefactos: los artistas transcendentales y llorosos lejos de toda claridad, cultivadores de todos los géneros, e ignorantes de la exactitud del doble-decímetro graduado. Las familias que compran objetos artísticos para el piano, el empleado de obras públicas, el vocal asociado, el catedrático de psicología... No quise seguir. El delicado bigote de un oficinista de taquilla me enterneció. Sentía en el corazón toda su poesía exquisita y franciscana.»

Pese a la complejidad del poema y a la inconexión de algunas de sus partes, el texto puede dividirse en dos secciones principales: una introducción y la visión de San Sebastián. Una frase condensa la introducción: «Ironía (lo hemos dicho) es desnudar; es el gimnasta que se esconde tras el dolor de San Sebastián. Y es también este dolor, porque se puede contar.»

La posibilidad de contar, de medir con precisión una materia tan «blanda» y refractaria a las matemáticas como los sentimientos, constituye uno de los ejes, si no el principal, de la estética daliniana de la época. Este deseo de poder contar el dolor del mártir, de que ese sufrimiento fuese artísticamente enumerable, es análogo al afán de exactitud que ponía en los cuadros de marinas que por entonces pintaba. En ellos era de suma importancia para Dalí que las olas pudiesen contarse, pues por esa posibilidad de lograr una exactitud matemática, el arte se elevaba por cima de la naturaleza, pudiendo, en consecuencia, afirmarse que el mar pintado es más mar que el mar contemplado con los ojos, que el mar físico. La ironía de la que habla Dalí consiste en el momento en que lo patético tórnase geométrico. Dicho de otro modo: es el momento en que el santo mártir, ya desnudo, tórnase en gimnasta. Esta desnudez irónica del San Sebastián-gimnasta la pone Dalí en relación, al inicio del poema, con la sentencia de Heráclito «a la naturaleza le gusta ocultarse», que interpreta, de acuerdo con un precioso texto de Alberto Savinio, de 1918, como un fenómeno de autopudor de la naturaleza de raigambre ética.

(Ya hemos visto al comienzo de nuestro escrito cómo Dalí en una frase sacada de su *Vida secreta* invocaba la citada sentencia de Heráclito al referirse a su contemplación-interpretación de las metamórficas rocas del Cabo de Creus, «fantasmales transformistas de piedra», de modo que «meditaba sobre mis propias rocas, las de mi pensamiento».)

En esta misma introducción del *San Sebastián*, Dalí asimila la paciencia sublime del mártir a la elegancia o, mejor diríamos, a la flema velazqueña; y es en términos de santa paciencia como interpreta, por un lado, el lento madurar de los cuadros de Vermeer de Delft y, por otro, el exquisito agonizar del santo.

Viene a continuación la *Descripción de la figura de San Sebastián*. Esquemática, casi estenográficamente citaré los temas más importantes, que son a la vez poéticos, pictóricos y estéticos: espacio italiano de geométrico enlosado, reminiscente de Piero de la Francesca; luz aséptica y pura, análoga a la de la pintura florentina del Quattrocento, reveladora, como la tramontana de Cadaqués, de los mínimos detalles, que parecen por ella vitrificados; dualidad de la cabeza del santo: una de las partes, «completamente transparente» está formada por una materia parecida a la de las medusas y sostenida por un círculo finísimo de níquel», la otra mitad «la ocupaba un medio rostro que me recordaba a alguien muy conocido».

El dolor del mártir no lo siente Dalí de una manera patética, sino que lo *ve* como «un puro pretexto para una estética de la objetividad». Esta estética de la objetividad, que aquí aflora, es la matriz de donde derivarán posteriores textos dalinianos publicados en París, como, por ejemplo, el de *La conquista de lo irracional,* del año 1935, en el que se puede leer: «Que el mundo imaginativo y de la irracionalidad concreta sea de la misma evidencia objetiva, de la misma consistencia, de la misma dureza, del mismo espesor persuasivo, cognoscitivo y comunicable que el mundo exterior de la realidad fenoménica. Lo importante es lo que se quiere comunicar: el tema concreto irracional. Los medios de expresión pictórica se ponen al servicio de este tema. El ilusionismo del arte imitativo más abyectamente arribista e irresistible, los hábiles trucos del *trompe-l'œil* paralizante, el academicismo más analíticamente narrativo y desacreditado, pueden convertirse en jerarquías sublimes del pensamiento al acercarse a las nuevas exactitudes de la irracionalidad concreta, a medida que las imágenes de la irracionalidad concreta se aproximan a la realidad fenoménica, y los medios de expresión correspondientes se acercan a los de la gran pintura realista —Velázquez y Vermeer de Delft—, etc.» Pues bien, ese consorcio de exactitud y delirio, de matemática y alucinación, de visión trastornada y sistematización del trastorno, que tipificarán el surrealismo daliniano, ya están presentes, maduros y perfilados en el poema que parafraseamos.

En el renglón de la «objetividad» del *San Sebastián,* Dalí despliega en el texto una rica panoplia de temas que van desde aparatos de ultraprecisión, como heliómetros para sordomudos («instrumento de alta poesía física formada por distancias y por distancias, y por las relaciones de estas distancias», que sirve para «medir la agonía del Santo») hasta probetas de delgadísimo vidrio y escenas y cosas de aristas futuristas —cuando no decididamente Pop—, como «bailadores de charlestón y blues que veían a Venus cada mañana en el fondo de Jimm-Cocktails a la hora del pre-aperitivo», *gros plans* cinematográficos, jugadores de polo, untuoso rimmel, una galleta de *Superieur Petit Beurre Biscuit,* chicas de bar que tocan *Dinah* en un pequeño fonógrafo y que preparan ginebra compuesta para los automovilistas, una carrera de *Bugattis* azules, vistas desde un avión como un ensoñado movimiento de hidroideos, guantes blancos a teclas negras de Tom Mix, Adolphe Menjou, Buster Keaton, avenidas postmaquinistas, Florida, Le Corbusier, Los Ángeles, pulcritud y euritmia del útil estandarizado, espéctaculos asépticos, antiartísticos, laboratorios y clínicas blancas, un bisturí cloroformizado y revistas americanas con GIRLS, GIRLS, GIRLS y el sol de Antibes y Man Ray, y una vitrina de zapatos en el Gran Hotel, y maniquís, sobre todo maniquís, «maniquís, quietas en la fastuosidad eléctrica de los escaparates, con sus neutras sensualidades, mecánicas y articulaciones turbadoras. Maniquís vivas, dulcemente tontas, andando con un ritmo alternativo y a contrasentido de cadera-hombros, y apretando a sus arterias las nuevas fisiologías reinventadas de los trajes».

Frente a este desfile de la modernidad, en el que alternan el níquel y la baquelita, el plexiglás y el cuentaquilómetros de precisión, las nuevas bebidas y los nuevos ritmos, que Dalí encarna en la elegancia irónica y desnuda del agonizante atleta o mártir, proliferan, al otro lado del compuesto, como oscuras y pegajosas larvas, los putrefactos y su caterva de tiernos y transcendentales llantos, sus cursis jarrones colocados encima del piano, sin olvidar los bigotes de oficinistas franciscanos, tan diferentes de los velazqueños, hiperfinos y ultramodernos que con el tiempo luciría el propio Dalí.

El poema *San Sebastián o la Santa Objetividad,* publicado inicialmente en *L'Amic de les Arts* en el mes de julio del año 1927, recoge las experiencias de pintura exacta de cuadros anteriores, como los dos retratos de su hermana del Museo Español de Arte Contemporáneo de Madrid, de 1925, o el de *Mujer a la ventana en Figueras,* de ese mismo año (en el que se ve un letrero de la *Ford* muy pre-pop) y cimenta y refleja las pinturas dalinianas de los años 1927 y 1928, como *Aparell i mà,* de 1927, y *Carne de gallina inaugural,* de 1928. Obsérvese en esta última —muestra inaugural del surrealismo daliniano— la mezcla de formas «viscerales», «putrefactas», y de numeraciones y precisiones geométricas. El pintor llega, en esta obra, a numerar con cifras y letras los elementos informes, y a trazar unas líneas rectas en perspectiva que señalan la posición de los grumos amorfos en el espacio.

Bien puede afirmarse que elementos decisivos del surrealismo daliniano están contenidos, a manera de semillas o de moléculas ADN, en la prosa poética y estética del *San Sebastián,* pues en el surrealismo daliniano se conjuga la exactitud de la mirada con la putrefacción irracional de lo mirado, las blandas vísceras de la sentimentalidad con la rigidez esmaltada de la geometría y aún de la radiografía. De esa conjugación saldrán proyectadas sobre el lienzo muchas de las grandes creaciones pictóricas de Dalí, de las que sólo citaré *La persistencia de la memoria,* con sus aparatos para la medición del tiempo hechos con materias blandas, que cuelgan, como vellones de oro —el tiempo es oro— de la escueta rama del árbol o de la rigurosa plataforma cúbica.

Entre Maldoror y Dante

El desgarramiento de carnes, la inmolación salvaje y cruenta, el hambre y su acompañamiento carnicero, aparecen una y otra vez en *Los Cantos de Maldoror,* poema en que el casi adolescente euroamericano Isidore Ducasse se propuso denigrar al Hombre y al Creador, y cantar el vicio y el crimen, si bien el autor explicó a su editor Lacroix: «Naturalmente, exageré el diapasón para crear algo nuevo en el sentido de esa literatura sublime que canta la desesperación sólo para atormentar al lector y hacerle desear el bien como remedio.»

Consiguiera o no su propósito, lo cierto es que la escueta relación de algunas de las imágenes que aparecen en los *Cantos* constituye una copiosa galería de pinturas truculentas, próximas al surrealismo daliniano de los años 30 en particular. A comienzos del tercer decenio de nuestro siglo, Dalí encontró en el poeta nacido en Montevideo un congenial camarada artístico muy adecuado para excitar la imaginación hasta llevarla al delirio del canibalismo más metamórfico, que incluso podía alentar al pintor ampurdanés en su empeño por conferir a la pintura la exactitud de un esmalte geométrico. En la sección décima del Canto Segundo, Lautréamont exalta las excelencias de las matemáticas: «¡Oh, matemáticas severas! Nunca os he olvidado desde que vuestras sabias lecciones, más dulces que la miel, se filtraron en mi corazón como agua refrescante; desde la cuna yo aspiraba instintivamente a beber vuestro manantial más antiguo que el sol, y todavía continúo, yo, el más fiel de vuestros iniciados, hollando el atrio sagrado de vuestro templo solemne.»

En otra parte he hecho un recuento de las imágenes que aparecen en ese canto a «las delicias de la crueldad» que es el poema ducassiano, fijándome en aquellas que tienen más relación con la pintura daliniana. Describamos algunas: hombre con ojos inmóviles de pescado, ómnibus atestados de cadáveres, personajes de piedras roídas, ríos de sangre alimentados con carne de cañón, el Creador sobre un trono de excrementos devorando con placer cuerpos humanos, mientras mueve la barba salpicada de sesos; hombres-insecto, adolescentes-filósofos con garras y órganos chupadores; hombres-piojo, bloques de hombres-piojo, que son cortados a hachazos; nubes de langostas abatiéndose sobre la ciudad; inmensas soledades en las que se exalta con juegos inconcebibles la imaginación humana; pechos gangrenados como torrentes de rocas; náufragos con los que los tiburones hacen «una tortilla sin huevos»; cielos con formas membranosas; apuñalamientos sádicos de niños de pecho; legiones de pulpos alados; cráneos roídos, que ante cocodrilos saltan en un vómito repugnante.

Cuando Maldoror se dispone a descuartizar una niña, dice el poeta: «se apresta sin palidecer a hurgar animosamente en la vagina de la desventurada. De aquel orificio

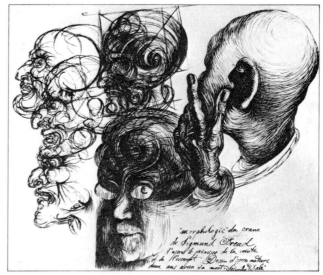

Retrato de Freud (Ilustración para «La vida secreta de Salvador Dalí»). Tinta sobre papel. Col. particular.

ampliado retira sucesivamente los órganos internos; los intestinos los pulmones...». El poeta se demora en esta descripción nauseabunda, que culmina en el momento en que ve a la niña como «un pollo vaciado», lo que resulta aún más repulsivo dado que se pone la descripción en labios de la madre de la desgraciada.

Innecesario seguir con este desfile de imágenes, en las que el análisis poético de la carnalidad humana llega a la ablación de vísceras, el desuello de músculos y las metamorfosis más monstruosas. Sobre ese reino maldororiano Dalí planeó con una actitud análoga a la que expresa cuando dice que «el ciclotrón de las mandíbulas filosóficas de Dalí tenía hambre de triturarlo todo, de machacar y bombardear con la artillería de sus neutrones intraatómicos...», o cuando observa que el cráneo de Freud es un caracol de Borgoña: «La consecuencia de ello es pues evidente: si se quiere comer su pensamiento, hay que sacarlo con una aguja. Entonces sale entero. Si no, se rompe y no hay nada que hacer.»

Volvemos así al «comestible» daliniano, a ese camino real que forman la boca y el tubo digestivo, con su circulación de alimentos crudos, cocidos, hervidos, fritos, podridos, asados, etc. Pero, lo que, junto al Dalí maldororiano, nos encontramos, es el «comestible cruel», el comestible que surge como consecuencia de un sacrificio cruento. Dalí parece querer con esto decirnos que el arte es el fruto terrible de un descuartizamiento de la realidad, de un implacable análisis de los fenómenos y, también de una cocina refinada que es capaz de convertir la víscera sustraída a un cadáver en un manjar exquisito.

Ha escrito Osip Mandelstam, en uno de los ensayos de interpretación más brillantes que se han escrito sobre Dante y la *Divina Comedia,* que «si las salas del Hermitage se volvieran locas de improviso, si las pinturas de todas las escuelas y artistas se desprendieran súbitamente de sus clavos, se fundieran, entremezclaran y llenaran el aire de las galerías con los aullidos futuristas y los colores en violenta agitación, el resultado sería entonces algo semejante a la *Commedia* de Dante». No es muy distinta la sensación que produce la *Divina Comedia* ilustrada por Dalí, en la que nuestro pintor presenta una especie de compendio de toda su carrera artística. Dalí vio, sin duda, figurado en el viaje dantesco por el Infierno, el Purgatorio y el Paraíso su propio viaje artístico desde la vanguardia más convulsiva a la tradición más iluminista. La postura más manierista y el paisaje más temblorosamente sublime del romanticismo simbolista, la gloria más inflamadamente barroca y el monstruo más deforme y retorcido de la imaginería surrealista, la mancha más glotonamente abstracta y el dibujo más despiadadamente exacto, todos esos modos tienen cabida en el viaje infernal y paradisíaco de Dalí, en su Odisea espacial del color y el dibujo.

El incesante impulso hacia la creación de formas que atraviesa la *Divina Comedia* («El poema es un cuerpo estrictamente estereométrico, el desarrollo silábico de un tema caligráfico», dice Osip Mandelstam) es de la misma especie que el que le posee a Dalí en su polarizada inventiva de pintor-poeta.

*Gli occhi lor, ch'eran pria pur dentro molli
Gocciar su per le labbra...*
(*Inferno,* XXXII, 46-47)

(Traducción: «Sus ojos que estaban húmedos por dentro, gotearon por los labios».)

A propósito de estos versos, comenta el citado Mandelstam: «Así, el sufrimiento cruza los órganos de los sentidos, crea híbridos, produce el ojo labial.» Este ojo labial, este sufrimiento que crea híbridos no es tan sólo una estimulante imagen de las relaciones entre pintura y poesía —los ojos y los labios—, sino una aguda manera de ver el poema dantesco, que sirve asimismo para definir el genio poético-pictórico daliniano. Este ojo labial bien puede atribuírsele a Dalí que en su obra artística no sólo se limita a ocupar la imaginación visual, sino que por encima de todo la intensifica, como si constituyese un monumento labrado con raros materiales que, además de exaltar a aquél al que está dedicado, honrase a los materiales de que está hecho.

Al igual que la poesía de Dante, la ilustración daliniana a esa obra y, en general, el conjunto de su pintura, está imbuida de todas las formas de energía conocidas por la ciencia moderna, que aparecerán en el curso de un itinerario que va desde el surrealismo más reptante y dibujístico del Infierno hasta el estallido más nuclear o abstracto-expresionista del Paraíso, pues, conforme se avanza por las ilustraciones dalinianas a la *Divina Comedia,* el contemplador no puede por menos de advertir que si el punto de arranque se halla en lo irracional más concreto, en el dibujismo cerrado del Infierno, poco a poco, sobre todo en el Paraíso, el artista se abandona a vuelos por el espacio, en los que la realidad se presenta en forma de ágiles manchas, irisadas y nerviosas; en forma de fogonazos y ondas, como si en ese vuelo la pintura aspirase a desprenderse de las costras corporales y, desmaterializada, se convirtiese en puro juego de colores levitantes, que culminan, en el punto final del Paraíso, con los tres círculos de tres colores y una sola dimensión sustanciados de luz.

Lautréamont y Dante, *Los Cantos de Maldoror* y la *Divina Comedia,* dibujan dos extremos de la personalidad artística daliniana. El corsario «de rubia cabellera y labios de jaspe», y el vate de perfil aguileño, son los dos genios de la estética daliniana. Los rostros que dio Dante a la Edad Media, Dalí se los ha suministrado a la Edad Atómica. Entre el poeta adolescente, creador de bestiarios y anatomista de ciénagas, y el poeta teólogo, descubridor de infiernos y revelador de paraísos, Dalí ha girado con los vuelos concéntricos de su arte, desde la putrefacción a la Santa Objetividad, desde las vísceras o los intestinos a la indumentaria o las joyas más refinadas, desde la ciencia al delirio, como un adolescente híbrido de antifáustico teólogo que exclama en un arrebato: «Mi mística es el queso, Cristo es queso. Mejor todavía, ¡montañas de queso! ¿No cuenta San Agustín que a Cristo se le llama en la Biblia "montus coagulatus, montus fermentatus", lo que ha de ser entendido como una auténtica montaña de queso.» Extraña mística se dirá. Mística, al fin y al cabo, de un siglo extraño.

La perennidad del acanto

De nuevo hago el camino que, dejando a mano derecha el cementerio de Cadaqués, baja hasta la bahía de Portlligat.

Hice esta visita en la tarde del Día de Difuntos. Tal vez por esa circunstancia cronológica la melancólica bahía, ese lago donde se reflejan «los dramas del cielo crepuscular», se me antojó más que nunca la böckliniana Isla de los Muertos. El tiempo era húmedo y ya se sentían los primeros anuncios del invierno.

Cuando entré en el taller del pintor, Gala cerró cortésmente el libro que leía a Dalí, mientras éste se ensimismaba en la pintura que estaba realizando. Dalí presentaba un aspecto sereno. Mientras seguía pintando en el cuadro que tenía delante sobre el caballete, hablamos de nuevo de la Torre Gorgot y de su proyecto de una torre inclinada y líquida. Hablamos también del *Paraíso cerrado para muchos, jardines abiertos para muchos,* del granadino Soto de Rojas, estupendo poema barroco, en cuya aprobación se dice: «admiré vegetativa la elocuencia, las plantas con estudio, en cuyas verdes hojas se leían con verdad las fábulas, pareciendo su composición más que libro jardín».

Dalí, que a lo largo de la conversación no dio descanso a los pinceles, debió de leer en mi fisonomía alguna señal de extrañeza, pues el cuadro que pintaba era un óleo monocromo, con el blanco y el negro como únicos colores. Dijo: «Debe ser porque hoy es el día de los muertos por lo que pinto este cuadro en negro.»

En el cuadro veíase un camino que, desde el primer plano, situado en la base del lienzo, toda la cual ocupaba, se perdía —dos líneas convergentes perfectamente rectas— en el fondo boscoso del lejano horizonte. De nuevo el Camino Real. Como mojones de esta ruta, numerosos sacos (que recordaban a los que yacen en la carretilla del *Angelus* de Millet y, por su disposición, a las figuras amorfas de su *Carne de gallina inaugural*) se alineaban a ambos lados de la carretera. En un punto determinado de la carretera, los sacos ascendían con el mismo orden al cielo, de suerte que parecían retornar, por arriba, al primer plano del cuadro. De nuevo un movimiento circular, un movimiento combinatorio luliano.

¿Eran sacos de carbón; eran sacos de patatas; eran sacos de energía? Dalí explicó que eran «sacos cargados de información».

No sé si porque era el Día de Difuntos, pero lo cierto es que los lúgubres sentimientos que arrastra esa fecha me incitaron a buscar como superación y contraste, espacios más claros, esperanzadores y felices, y pensé entonces en ese canto a la victoria y perennidad del acanto que aparece en el último capítulo de su *Vida secreta,* donde dice Dalí: «Pero, precisamente cuando nadie pensaba en él, he aquí el acanto nacido de nuevo, verde, tierno y brillante, entre las grietas de una flameante ruina. Y es como si todas las catástrofes históricas, todo el sufrimiento del hombre, todos los trastornos, granizos y caos del alma occidental estuvieran destinados, con su transitoria, tempestuosa aparición y desaparición, sólo a venir en todo tiempo a alimentar la perennidad del acanto, sólo a mantener la siempre renaciente inmortalidad de la tradición siempre verde, nueva, virgen y original...» Los sacos del óleo monocromo..., ¿estarían cargados de acanto?...

Cuando me despedí, Dalí seguía añadiendo matices a matices, lejanías a lejanías, rehaciendo una vez más su real y combinatorio itinerario. La última imagen que me llevé en aquella tarde, fue la de la tenue y lejana serranía del fondo, en la que como si fuera un bosque transformado en diana se clavaba la saeta veloz y recta del camino.

CRONOLOGÍA - Vida y obra*

1904. Nace Salvador Felipe Jacinto Dalí un 11 de mayo en Figueras, hijo de doña Felipa Doménech y de don Salvador Dalí y Cusí, notario de profesión. Su infancia transcurre entre Figueras, Barcelona y Cadaqués, donde sus padres poseen una casa. Su relación con el paisaje ampurdanés, y en especial con el entorno de su ciudad natal (Cadaqués, Cabo de Creus) serán fundamentales tanto en lo que respecta a su vida como a su obra. Su primera obra, un paisaje, data de 1910.

1914. Dalí inicia la enseñanza secundaria con los Maristas de Figueras, manifestando un precoz interés por la pintura, interés que descubre y alimenta en casa de la familia Pitxot, amigos de sus padres. Comenzó a interesarse por el impresionismo a través de las obras de Ramón Pitxot (1872-1925), el cual había expuesto en el Salón de Otoño de París junto con los *Fauves* y cuyos aguafuertes en color alabó con entusiasmo G. Apollinaire en sus *Chroniques d'art*. La mayor parte de las obras de este período fueron realizadas al óleo y representan panorámicas de Cadaqués y escenas cotidianas de campesinos y pescadores.

1918. Su interés por la pincelada impresionista cede el paso a una preponderante búsqueda del color. Su atención pasará a centrarse en los maestros del *Pompier*, especialmente en Mariano Fortuny (1838-1874) y Modest Urgell (el Böcklin español) para terminar posándose en el puntillismo. Mientras tanto, estudia dibujo, grabado y pintura con Juan Núñez. El día dos de mayo presenta por primera vez algunas telas en una exposición de artistas locales en el Teatro Municipal de Figueras.

Pertenece a esta época *El viejo crepuscular*.

1919. La revista *Stadium*, del Instituto de Figueras, comienza a recibir colaboraciones de Dalí. Sus crónicas regulares de arte están dedicadas a los pintores que más admira (Miguel Ángel, Leonardo, Durero, El Greco, Goya y Velázquez). Este último es ya, para él, ...«uno de los más grandes, quizás el más grande de los artistas españoles y uno de los primeros del mundo». Colabora también en otra revista humorística, *El Señor Pancracio*. Sus inquietudes literarias se aprecian ya desde esta época.

1921. Dalí ingresa en la Escuela de Bellas Artes de San Fernando de Madrid, donde estudia dibujo, pintura y escultura. En la Residencia de Estudiantes, donde se aloja, conoce a Lorca, Buñuel y Eugenio Montes. Posteriormente el Consejo de Disciplina decide expulsarle, durante un año, de la Escuela, acusado de haber incitado a los estudiantes a la rebelión contra las autoridades de la misma. A lo largo de este período recibe influencias de Bonnard, los futuristas italianos y E. Carrière. Pinta telas cubistas en su habitación y manifiesta su oposición a la enseñanza oficial que se le imparte. Pertenece a esta época *Autorretrato con cuello de Rafael*.

1922. Octubre: presenta ocho de sus obras en las Galerías Dalmau de Barcelona. Son de esta época la *Naturaleza muerta con fruta, Cadaqués visto desde el interior* y *Los primeros días de primavera*.

Breton junto con Picabia, Max Ernst y Man Ray, ha constituido en París el primer grupo surrealista.

1923. A su vuelta a la Escuela es detenido en mayo por sus tendencias anarquistas, debiendo cumplir 35 días de arresto en Figueras y Gerona. Su interés por el cubismo crece (principalmente a través de las obras de Juan Gris) así como la influencia de la Escuela Metafísica italiana (Carlo Carra y Giorgio de Chirico) sin por ello haber dejado de prestar su atención a los puntillistas. Obras de este período son: *Muchachas, Autorretrato cubista* y algunos paisajes de Cadaqués.

1924. Ingresa de nuevo en la Escuela de Bellas Artes donde prosigue su relación con los grupos más vanguardistas. Mientras tanto, en París, Breton publica su primer manifiesto surrealista y la revista *La révolution surréaliste*.

1925. Abril: primera estancia de Lorca en Cadaqués y Figueras. La lectura de *Mariana Pineda* entusiasma a la familia Dalí. Noviembre: primera exposición personal en las Galerías Dalmau de Barcelona, a raíz de la cual comenzarán a interesarse por Dalí, Picasso y Miró. No pasan inadvertidas para la crítica las repetidas referencias a Ingres que contiene el catálogo. El mismo Dalmau le dará a conocer *La révolution surréaliste*. Diciembre: Dalí inicia una notable colaboración, que durará hasta febrero de 1929, con la gaceta barcelonesa *L'Amic de les Arts*. Lorca escribe su *Oda a Salvador Dalí*. Pertenecen a esta

época *La mujer-maniquí barcelonesa, Naturaleza muerta con claro de luna malva* y *Gran arlequín con pequeña botella de Ron*.

1926. Dalí realiza su primer viaje a París y Bruselas en compañía de su hermana y de su tía. El Bosco, Brueghel y Vermeer de Delft (sobre todo este último) acaparan su atención. Entre las visitas que realizó en París figura la que hizo a Picasso, al que impresionó tras haberle mostrado algunas de sus obras. Octubre: Dalí es expulsado definitivamente de la Escuela, después de haber negado a sus profesores competencia para examinarle. Posteriormente recibirá la visita de Miró en Figueras. Diciembre: segunda exposición personal en las Galerías Dalmau. La atención de público y crítica recaen principalmente en su *Cesta del pan*.

1927. Febrero: Dalí se incorpora al ejército para cumplir su servicio militar. Junio: tiene lugar la primera representación de la obra de Lorca *Mariana Pineda* en el Teatro Goya de Barcelona, a cargo de la compañía de Margarita Xirgú. Los decorados y vestuario son de Dalí. Pasa el verano en compañía de Lorca y Regino Sáinz de la Maza, en Cadaqués. Allí escribe su poema *San Sebastián*, publicado en *L'Amic de les Arts*, traducido posteriormente por Lorca, el cual lo publicará en la revista granadina *El Gallo*.

1928. Lluís Montanyà, Sebastià Gasch y Dalí publican el *Manifesto Groc*: «En el presente manifiesto hemos eliminado de nuestra actitud todo género de cortesía. Todas las discusiones con los representantes de la cultura catalana contemporánea —artísticamente negativa aunque eficaz en otros campos— han resultado inútiles. La tolerancia o la corrección conducen a delicuescencias y lamentables confusionismos de todo tipo de valores, a las más irrespirables atmósferas espirituales, a la más perniciosa de las influencias. Por ejemplo: *La Nova Revista*. La hostilidad violenta, por el contrario, sitúa claramente los valores y las posiciones, creando un estado espiritual higiénico». Así comienza el Manifiesto «anti-artístico» en el cual denuncian, entre otras cosas, «la falta absoluta de juventud entre nuestros jóvenes», «la arquitectura de estilo», «el arte decorativo que no sigue la estandarización» y «el miedo a los nuevos acontecimientos, a las palabras y al riesgo del ridículo».

Influencias de Miró, Arp, Ernst y Tanguy. Cabe destacar entre las obras de este período la *Playa antropomórfica, Pájaros putrefactos, Carne de gallina inaugural* y *Torso desnudo*. Octubre: tres cuadros de Dalí son presentados en la XXVII exposición de pintura del Carnegie Institute de Pittsburgh.

1929. Segundo viaje de Dalí a París, con motivo del rodaje de la película de Buñuel *El perro andaluz*. Su colaboración será, a todas luces, fundamental. Miró le introduce en el grupo surrealista y no tardará en conocer a Arp, Magritte y al marchante de arte Camille Goemans, el cual, a su vez, le presentará a Paul Éluard. Estos dos últimos, acompañados de la esposa de Paul Éluard, Elena (Gala), realizan una visita a Cadaqués durante el verano, a partir de la cual Gala no volverá a separarse de Dalí, convirtiéndose en su más constante consejera y modelo. La proyección de *El perro andaluz* causa sensación, mientras que Dalí trabaja ya en *La edad de Oro*, película de Buñuel en la que su participación se verá considerablemente reducida respecto a la anterior. 20 de noviembre: primera exposición de Dalí, presentada por Breton, en la Galerie Goemans de París. Diciembre: un artículo de Eugenio d'Ors da a conocer a la familia Dalí la existencia de una cromolitografía del Sagrado Corazón sobre la cual había escrito: «A veces escupo por placer sobre el retrato de mi madre», lo que, unido a su reciente unión con Gala, provoca una ruptura familiar. Dalí no volverá a ver a su padre hasta su regreso de Nueva York, en 1948. Corresponden a esta época: *Espectros de dos automóviles, Retrato de Paul Éluard, Placeres iluminados, El gran masturbador* y *El juego lúgubre*.

1930. Dalí trabaja en su obra *El hombre invisible* que dejará inacabada definitivamente tres años más tarde. Paralelamente escribe, ilustra y publica *La mujer visible*, que dedica a Gala. Marzo: a cambio de una suma de dinero que irá destinada a comprar una pequeña casa de pescadores en Cadaqués (la que tras sucesivas ampliaciones y transformaciones se ha convertido en su domicilio actual), Dalí ofrece al vizconde Charles de Noailles uno de sus cuadros, a elegir entre los realizados durante el año siguiente (la elección recaerá sobre *La vejez de Guillermo Tell*). Julio: el *Surrealismo al servicio de la Revolución* publica *Rêverie*, uno de los textos más importantes de Dalí. Por su parte, *Ediciones Surrealistas* publica *El amor y la memoria*.

———
* Agradezco a Juan José Herrera la colaboración que me ha prestado para la confección de esta *Cronología*.

Noviembre: 10 obras de Dalí son expuestas en lo que cabría calificar como la primera exposición surrealista de los Estados Unidos, en Hartford. En París, las reacciones que suscita la segunda de las películas de Buñuel son tales que la Comisión de Censura acabará por prohibir su proyección (se trataba de una película «bolchevique», que había sido previamente autorizada. Diciembre: publicación de su texto *L'Âne pourri* donde fija las bases de su método paranoico-crítico. Breton y Éluard escriben a propósito del mismo: «El pensamiento dialéctico conjugado en el pensamiento psicoanalítico, celebrados uno y otro en los que Dalí llama el pensamiento paranoico-crítico, es el más admirable instrumento que haya sido propuesto para hacer pasar por entre las ruinas inmortales al fantasma-mujer de rostro *«verte de grisé»*, de ojo que se ríe y duros bucles, que no es solamente el espíritu de nuestro nacimiento, es decir, el Estilo Moderno, sino el aún siempre más atractivo fantasma del *devenir*». Dalí comienza a reflexionar sobre el problema de la doble imagen. Su obra *Vértigo* pertenece a esta época.

1931. Primera de las tres exposiciones que durante tres años llevará a cabo en la Galerie Pierre Colle. André Lhote escribe en la *Nouvelle Revue Française: ...*«Sus armonías son las de las láminas de anatomía, donde la sangre es rey». Entre las obras expuestas se halla *La persistencia de la memoria.* Sus declaraciones sobre el modernismo catalán están llenas de elogios a Gaudí: «La Sagrada Familia es la primera manifestación Gótico Mediterráneo. El sublime Gaudí, que ya adolescente visitó el Cabo de Creus, se ha nutrido de las rocas blandas y barrocas, duras y geométricas de este lugar divino.»

1932. Enero: *La persistencia de la memoria* (llamada también *Los relojes blandos*) despierta enorme curiosidad entre el público neoyorquino, con motivo de su primera exposición colectiva en la Julien Levy Gallery. El éxito de sus obras en Estados Unidos no ha hecho más que nacer y llegará a alcanzar límites insospechados. Julio: su libro *Babaouo,* donde expone su concepción del cine, es publicado en París. Octubre: el doctor Jacques Lacan da a conocer su tesis *De la psychose paranoïaque dans ses rapports avec la personnalité.* Obras pintadas en este período son, entre otras: *El nacimiento de los deseos líquidos, Retrato de la Vizcondesa de Noailles* y *Huevos al plato atmosféricos.* También ilustra la obra de Breton *Le révolver à cheveux blancs.*

1933. Dalí firma un contrato con Albert Skira (en cuya revista *Minotauro* colaborará publicando, entre otras cosas, *La interpretación paranoico-crítica de la imagen obsesiva del Angelus de Millet*), comprometiéndose a realizar cuarenta aguafuertes que ilustrarán *Los Cantos de Maldoror* de Lautréamont. Junio: expone en la Galerie Pierre Colle su obra *Gala y el Angelus de Millet.* Georges Hilaire comenta dicha exposición en *Beaux Arts:* «...Frente a la pintura imaginativa él prefiere la anécdota detallada y comestible, el "azar objetivo" del sueño, los "actos-objeto"... Este paranoico posee el espíritu de la geometría. Dalí está obsesionado por la idea de la finura. Pretende restaurar la "finura académica" como uno de los medios más propios para dar cauce a los "próximos delirios de exactitud racional". Noviembre: primera exposición individual en la Julien Levy Gallery de Nueva York. Diciembre: Dalí expone en la Galeria d'Art Catalònia de Barcelona.

1934. Dalí expone en el Salon des Indépendants *El enigma de Guillermo Tell* y *El canibalismo de los objetos.* La Julien Levy Gallery de Nueva York presenta su colección de dibujos y grabados sobre *Los Cantos de Maldoror* de Lautréamont. Los 42 aguafuertes que se comprometió a realizar para Albert Skira son presentados en la librería Quatre Chemins, de París, en el mes de junio. Dalí ha trabajado más de un año en ellos. 20 de junio: exposición en la Galerie Jacques Bonjean. Louis Chéronnet escribe en *Art et Décoration* a propósito de la misma: «...Y para pintar todo eso, Dalí sueña que posee el pincel de Millet y el de Meissonier. Lo más admirable es que, *en apariencia,* logra conseguirlo». Octubre: la Librería Catalònia de Barcelona presenta una exposición personal de las obras de Dalí que, según Alfred Barr, «suscita la efervescencia de un grupo surrealista en plena expansión». Dalí recibe una mención honorífica por su obra *Elementos enigmáticos en un paisaje,* concedida en Pittsburgh por el Carnegie Institute. La Galería Zwemmer acoge la primera exposición individual de Dalí en la capital británica. Noviembre: Gala y Dalí llegan por primera vez a Nueva York a bordo del *Champlain.* El día 21 de este mismo mes se inaugura una exposición en la Julien Levy Gallery, exposición que, en palabras de *The Sun* está «a la moda, muy controvertida y difícil». Diciembre: Dalí, en una carta, cuenta a un amigo acerca de su llegada a América: «...aquí tienen un inmenso complejo de inferioridad al mismo tiempo que no comprenden muy bien, lo cual les obliga a situarse ante los fenómenos con una gran dosis de buena volun-

tad y generosidad, lo contrario de la *pretenciosa* e irónica suficiencia, frecuente en los críticos de París». 18 de diciembre: Dalí pronuncia una conferencia ante doscientas personas en el Wadsworth Atheneum de Hartford en la cual, por primera vez, dice: «La única diferencia entre yo y un loco es que yo no estoy loco». Pertenecen a esta época: *El espectro de la líbido, Vestigios atávicos después de la lluvia, Espectro de Vermeer que puede servir de mesa, Calavera de muerto atmosférico sodomizando a un piano de cola.*

1935. Enero: Dalí pronuncia una conferencia en el Museo de Arte Moderno de Nueva York bajo el título «Pinturas surrealistas e imágenes paranoicas», en la que precisa con estas palabras su método paranoico-crítico: «En verdad no soy más que un autómata que registra, sin juzgarlo, y lo más exactamente posible, el dictado de mi subconsciente: mis sueños, las imágenes y visiones hipnagógicas y todas las manifestaciones concretas e irracionales del mundo oscuro y sensacional descubierto por Freud... El público debe sacar su placer de los recursos ilimitados de misterios, enigmas y angustias que tales imágenes ofrecen al subconsciente de los espectadores...» Febrero: Gala y Dalí abandonan Nueva York después de asistir al baile de disfraces que Caresse Crosby ofreció en su honor (Dalí apareció disfrazado de vitrina con un pequeño sostén-cajón y Gala con un vestido de celofán rojo, con un bebé de celuloide y langostas). Diciembre: después de ilustrar el libro de Éluard, *Nuits Partagées,* publica *La conquista de lo irracional* (obra en la que define su método paranoico-crítico: «Método espontáneo de conocimiento irracional, basado en la asociación crítico-interpretativa de los fenómenos delirantes») en París y Nueva York, donde también el *American Weekly* dará a conocer una serie de dibujos, a modo de impresiones surrealistas sobre la misma ciudad. Ilustra asimismo la obra de Tristán Tzara, *Grains et issues,* y participa en la exposición surrealista de Tenerife patrocinada por *Gaceta de Arte* y Oscar Domínguez, singular episodio del surrealismo en España. En un artículo publicado en *Cahiers d'Art* (n.º 7-10) bajo el título «Les Pantouffles de Picasso», aplica por primera vez el método paranoico-crítico a la literatura: Picasso y el entorno político y cultural aparecen en un texto de Sacher-Masoch, «Les Pantouffles de Sapho», en el que Dalí introduce mínimas modificaciones.

1936. Mayo: la exposición surrealista de objetos presentada en la galería C. Ratton, en la que Dalí participa con el monumento a Kant y la chaqueta afrodisíaca, señala la «oficialización» de una nueva expresión del surrealismo. Junio: además de sus colaboraciones en la revista *Minotauro,* Dalí continúa publicando importantes artículos en *Cahiers d'Art,* por ejemplo: «Honor al objeto». Ilustra también un poema de Edward James que compró las obras de Dalí más importantes hasta 1938. 4 de diciembre: un mes después de su llegada a Nueva York, *Time* le dedicó su portada. 15 de diciembre: Dalí expone nuevamente en la Julien Levy Gallery; posteriormente, en una colectiva en el Museo de Arte Moderno de Nueva York bajo el nombre «Fantastic Art, dada and surrealism». Son de esta época las siguientes obras: *El gran paranoico, Pareja con nubes en la cabeza, El farmacéutico de Figueras que no está buscando absolutamente nada, Justicia geológica, Mesa solar, Construcción blanda con judías hervidas. Premonición de la guerra civil.* Tras la victoria del Frente Popular, en febrero, la rebelión militar del general Franco señala el comienzo de la guerra civil española. Lorca muere asesinado en Granada.

1937. El interés por los hermanos Marx crece en Dalí, que pintará un retrato de Harpo, así como algunos dibujos para una película que no se rodará nunca. Marzo: Dalí publica su artículo «Je défie Aragon»: «El auténtico laboratorio en el que se efectúa la exploración sistemática de las regiones desconocidas del espíritu humano es el "surrealismo". ¿Por qué no utilizarlo entonces para experimentar sobre algo a lo que se prestaría bastante bien: la historia del arte?» Después de participar en la exposición colectiva del Jeu de Paume «Origen y desarrollo del Arte Internacional Independiente» huye de la guerra y se establece en Italia, donde, junto con E. James, en cuya casa se aloja, profundizará sus conocimientos del Renacimiento y del Barroco. Posteriormente publicará *La Metamorfosis de Narciso,* poema paranoico, al mismo tiempo que colabora con Elsa Schiaparelli en proyectos de sombreros, telas y vestidos. Entre las obras que pinta a lo largo de este período cabe destacar: *Metamorfosis de Narciso, Sueño y Canibalismo de otoño.*

1938. Enero: participa con su *Taxi lluvioso* en la exposición surrealista de la Galerie des Beaux-Arts de París. Conoce en Londres a Freud de la mano de Stefan Zweig; visita que dará lugar a algunos retratos del mismo y en los que Dalí compara el cráneo de Freud con un caracol. Realiza para Steuben Glass una copa de cristal grabado. Su taller tiene, a lo largo de este período, dos filiales: la residencia de Lord Burner y la de Coco Chanel, en Roma y París respectivamente. Colabora también en varios proyectos de ballet junto a Coco Chanel para los Ballets de Montecarlo. Entre las obras que pertenecen a esta época: *España* y *El enigma sin fin.*

1939. Dalí viaja de nuevo a Nueva York, para exponer en la Julien Levy Gallery el 21 de marzo. *Life* describe así la impresión que produjo la muestra: «Ninguna exposición ha gozado de tanta popularidad desde que *La Madre* de Whistler fue presentada en 1934. La muchedumbre observaba boquiabierta...» Unos días antes Dalí había roto un escaparate de los almacenes Bonwit Teller. La crítica recoge con curiosidad, en la mayor parte de los artículos, la presencia del teléfono en los cuadros de Dalí. La World's Fair de Nueva York firma un contrato con Dalí por el que éste se compromete a realizar una creación personal que será bautizada con el nombre *El sueño de Venus* que por diferencias con los patrocinadores Dalí hubiera preferido llamar *La pesadilla de Venus.* Más tarde, publica su «Declaración de la independencia de la imaginación y de los derechos del hombre a su propia locura», con motivo de la prohibición de su proyecto de poner una cabeza de pez a la Venus de Botticelli: «La condición humana está definida mediante el enigma y el simulacro, corolarios de estos datos vitales: instinto sexual, conciencia de la muerte, melancolía física engendrada por la noción de espacio-tiempo». Noviembre: tiene lugar el primer ballet paranoico en el Metropolitan Opera House, con el nombre de *Bacanal (Venusberg).* Música de R. Wagner y coreografía de Massine, escenografía y decorados de Dalí. En otoño, Gala y Dalí vuelven a Europa, instalándose en Arcachon. Desde este año la actividad de Dalí se alejará por completo del surrealismo. La guerra civil española concluye con la victoria del general Franco.

1940. Dalí comienza a interesarse por la teoría cuántica de Max Planck. Ante la inminente invasión nazi abandonan de nuevo Europa, instalándose en la casa que Caresse Crosby posee en Virginia. Las facultades organizativas de Gala se pusieron de manifiesto plenamente, según cuenta Anais Nin, que también residía allí, y en poco tiempo aquella casa comenzó a regirse en función de Dalí. Fija su estudio en Pebble Beach, California. Pertenecen a esta época *Mercado de esclavas con la aparición del busto invisible de Voltaire* y *El rostro de la guerra.* Dalí permanecerá en Estados Unidos hasta 1948.

1941. Expone en las galerías Julien Levy, de Nueva York, y Dalzell Hatfield, de Los Angeles, con gran éxito. Inicia una prolífica colaboración con el fotógrafo Phillippe Halsman, que acabará con la muerte de éste en 1979. Julio: Dalí acaba la redacción de su *Vida secreta,* que será publicada en el año 1942 en Nueva York. Octubre: estreno en la Metropolitan Opera House, de Nueva York, del ballet *Laberinto.* Libreto, decorados y vestuario a cargo de Dalí, coreografía de L. Massine, sobre un argumento tomado del mito de Teseo y Ariadna. En colaboración con el duque de Verdura, Dalí realiza sus primeras joyas, inspiradas en la nostalgia del Renacimiento: *Labios de rubí, Araña en su tela* y el *Corazón real* así como *La persistencia de la memoria* en oro, esmalte y diamantes, destacan entre otras. Breton declara en una de sus obras acerca de Dalí: «A despecho de un innegable talento para la puesta en escena de sí mismo, la impronta de Dalí, mal servida por una técnica ultrarretrógrada (el retorno a Meissonier) es desacreditada por una cínica indiferencia hacia los medios con que imponerse, ha dado desde hace tiempo, señales de pánico y no se ha salvado momentáneamente, en apariencia, más que organizando su propia vulgarización.»

1942. La retrospectiva organizada por el Museo de Arte Moderno de Nueva York es llevada sucesivamente a ocho ciudades de Estados Unidos. Las relaciones de Dalí con el mundo de la fotografía va a dar grandes frutos.

1943. Dalí se integra plenamente en la sociedad neoyorquina, realizando para la Knoedler Gallery numerosos retratos de personalidades americanas. Decora el apartamento de Elena Rubinstein con grandes murales *(Desnudo en la llanura de Rosas)* y construye el rostro de Mae West usado como apartamento. Pertenece a esta época su obra *Niño geopolítico que observa el nacimiento del Año Nuevo.*

1944. Su actividad teatral es muy intensa y entre las obras cuya puesta en escena realiza se encuentran: *El Café de Chinitas, Coloquio sentimental,* sobre un poema de Verlaine, y *Tristán loco.* Comienza la ilustración de numerosas obras, entre ellas las *Memorias fantásticas* de Maurice Sandoz y *Rostros ocultos,* esta última escrita por él mismo. Pinta *Sueño causado por el vuelo de una abeja alrededor de una granada un segundo antes de despertar.*

1945. La explosión atómica de Hiroshima da pie a Dalí para comenzar su período «nuclear» o «atómico». Trabaja junto a Alfred Hitchcock en las escenas oníricas de *Recuerda (Spellbound).* Escribe el primer número de *Dalí News.* Pertenecen a este período *Apoteosis de Homero, Tres apariciones del rostro de Gala* y *Galarina.*

1946. Dalí y Walt Disney comienzan a elaborar un proyecto de película *(Destino)* de dibujos animados, que nunca verá la luz. Ilustra *Macbeth* de Shakespeare, así como las portadas de varias revistas *(Vogue* y *Etcétera)* y del libro *Wine, Women and Words* de Billy Rose. Pinta *Las tentaciones de San Antonio.*

1947. Dalí ilustra los *Ensayos* de Montaigne y realiza una exposición individual en el Museo de Arte de Cleveland. Más tarde expondrá en la Galería Bignou de Nueva York. Aparece el décimo número de su revista *Dalí News.*

1948. Antes de partir rumbo a Europa y establecerse definitivamente en Portlligat, ilustra *50 Secrets of Magic Craftmanship, As you like it* de Shakespeare y la *Autobiografía* de Benvenuto Cellini. Noviembre: Dalí expone en la Galleria l'Obelisco en Roma con ocasión de la representación de *As you like it,* de la cual realizará decorados y vestuario. La puesta en escena es de Luchino Visconti. Dalí se adentra en una nueva fase en la que no habrá ningún punto de contacto con la vanguardia postbélica, inspirándose, por el contrario, en los grandes temas de la tradición occidental.

1949. Realiza los decorados para la *Salomé* de Strauss en la Opera de Londres. El carácter religioso irrumpe en la obra de Dalí. Su interés por la teoría armónica y geométrica crece, y estudia con avidez el *Tratado sobre la divina proporción* de Luca Pacioli. Es recibido en audiencia por el Papa Pío XII. Noviembre: regresa a Nueva York. Breton continúa acentuando la distancia que les separa mediante algunos escritos, como la nota de reedición del texto que consagra a Dalí en su *Anthologie de l'Humour noir,* para cuya realización precisó de la intervención de un matemático. Pertenece a esta época su obra *Leda Atómica,*

1950. Enero: Dalí publica en Nueva York un *Memorandum,* como respuesta al libro de su hermana Ana María. Noviembre: presentación en el Teatro María Guerrero de Madrid de la obra *Don Juan Tenorio,* de Zorrilla, con decorados y vestuario de Dalí. En la Carstairs Gallery de Nueva York son presentadas al público sus Madonas de Portlligat. Ilustra asimismo *La límite* de Maurice Sandoz. Además de numerosos dibujos de inspiración religiosa o mitológica, pinta *Paisaje de Portlligat* y *Dalí, a la edad de seis años cuando creía que era una niña, levantando la piel del agua para ver un perro que duerme a la sombra del mar.*

1951. Abril: Dalí da por terminada la redacción del *Manifiesto místico.* Junio: exposición en la Galerie A. Weil de París. Septiembre: Gala y Dalí se disfrazan de gigantes de siete metros para asistir al baile ofrecido por Carlos de Beistegui en el Palacio Labia de Venecia. Les acompaña, disfrazado de idéntico modo, Christian Dior. Diciembre: Dalí llega a Nueva York. Pertenecen a este período sus obras: *El Cristo de San Juan de la Cruz* y *Cabeza rafaelesca estallando.*

1952. Dalí explica los elementos de su mística nuclear con motivo de una gira por siete estados de EE. UU., anunciando igualmente la realización en el futuro, gracias a este nuevo arte nuclear, de una Asunción de la Virgen. Mayo: escribe *Autenticidad y mentira,* artículo en el que toma posición violentamente frente al «realismo socialista». Presenta en la Carstairs Gallery su obra *Assumpta Corpuscularia Lapislazulina.* Su «arte nuclear místico» y las 102 acuarelas que constituyen la serie *La Divina Comedia* e ilustran la obra de Dante polarizan la atención de Dalí a lo largo de todo este período. También pinta la *Cruz Nuclear* y *Galatea de las esferas.*

1954. Roma (Palacio Pallavicini), Venecia y Milán acogen sucesivamente una gran retrospectiva de la obra de Dalí. Con motivo de una conferencia de prensa, Dalí sale de un «cubo metafísico» para comunicar al público su «re-nacimiento». Fruto de su estrecha colaboración con el fotógrafo Philippe Halsman queda terminado el libro *Dalí Moustache,* que será publicado posteriormente. Inicia con Robert Descharnes el rodaje del filme *Histoire prodigieuse de la dentellière et du rhinocéros,* cuyo montaje está en marcha. *El discurso sobre la figura cúbica* de Juan de Herrera, arquitecto del monasterio de El Escorial, le proporcionan las orientaciones necesarias para pintar su *Crucifixión ("Corpus hipercubus").* También pinta a lo largo de este año la *Desintegración rinoceróntica del Iliso de Fidias.* Su obsesión por el cuerno del rinoceronte (construido según una espiral logarítmica perfecta) es ya manifiesta.

1955. Mayo: Dalí interpreta, mediante su método de la paranoia-crítica, *La encajera* de Vermeer en el Zoo de Vincennes. Diciembre: llega a la Sorbona montado en su Rolls Royce blanco, previamente rellenado de coliflores, para pronunciar su conferencia «Aspectos fenomenológicos del método paranoico-crítico». Pertenecen a esta época *La última cena* (que pasará a engrosar las colecciones de la Washington Gallery) y el *Estudio paranoico-crítico de la encajera de Vermeer.*

1956. Dalí se entrevista con Franco en el Palacio de El Pardo. Aparición de su tratado sobre el arte moderno, *Les cocus du vieil art moderne.* Alain Jouffroy, en *Arts* (12-9-1956) se pregunta en su artículo *¿Asesinará Dalí al Arte Moderno?*: «Todo lo que dice, hace y casi todo lo que pinta Salvador Dalí tiene al menos el mérito de molestar, turbar e irritar a todos aquellos que piensan que el arte moderno tiene sus leyes, sus límites y que no piensan poner en tela de juicio sus convicciones... Desde hace 25 años la obra de Dalí camina contra la corriente de todo eso a lo que se llama "pintura" y tiende a la desvalorización de lo que ha formado el gusto actual, el cubismo, el arte abstracto, el expresionismo... Él no oculta sino, al contrario, proclama su profundo deseo de *asesinar al Arte Moderno.* El tono humorístico y delirante de sus propósitos no debe sin embargo hacernos ilusión. Dalí es serio, profundamente serio, y la *inteligencia de absoluto Primer orden* que en 1936 le reconoció A. Breton se ha puesto, en él, al servicio de una actividad destructora a costa del prestigio del "arte moderno".» Julio: retrospectiva de la obra de Dalí en el casino de Knokke-le-Zoote (Bélgica). Diciembre: valiéndose de cuernos de rinoceronte, realiza en las calles de Montmartre una de las litografías de su serie *Don Quijote,* mientras le observan el litógrafo Charles Sorlier y un puñado asombrado. Otra de las litografías para la misma serie es llevada a cabo mediante huevos llenos de tinta. Pertenecen a este período las siguientes obras: *Carne de gallina rinoceróntica, Naturaleza muerta viva* y *Calavera de Zurbarán.*

1957. Las quince litografías del *Don Quijote,* editado por Joseph Forêt, son presentadas en el Museo Jacquemart-André de París.

1958. A lo largo de este año y el siguiente, Dalí continúa explorando en la pintura del pasado (especialmente en la obra de Velázquez) y en los temas religiosos e históricos de Occidente. Empieza también el arte «óptico», buscando sin cesar efectos e ilusiones ópticas, al mismo tiempo que comienza a hablar de la «Cosmic Glue» de Heisenberg. 8 de agosto: Dalí y Gala se casan por la iglesia en la Capilla de los Ángeles de Montrejic, en España. Noviembre: de manos del embajador cubano en París, Dalí recibe la medalla a la calidad francesa por sus ilustraciones de *Don Quijote.* Diciembre: exposición en la Carstairs Gallery. Pertenecen a esta época *Santiago el Mayor, El sueño de Colón, Oreja con Madona, Velázquez pintando a la Infanta Margarita, rodeada de las luces y sombras de su propia gloria* y *Virgen de Guadalupe.*

1959. Mayo: Dalí visita al Papa Juan XXIII. Olivier Merlin, en *Paris Match* (16-5-1959) refiere así dicha visita: «Al comienzo del mes, Dalí fue recibido en audiencia por el Papa en el Vaticano. Le participó su último gran proyecto: una catedral que contenga todos los símbolos de la cristiandad unida, ortodoxa, católica, protestante... Se alzará —dicen— a 30 cms del suelo sobre una bola con forma de pera que es la auténtica forma de la tierra, tal y como nos la ha revelado el satélite americano "Vanguard"... Para Salvador Dalí la forma de pera representa varios símbolos: la resurrección en la Edad Media, la potencia de desarrollo, la prefiguración del concilio ecuménico y la unidad moral del mundo.» Tras unas conferencias pronunciadas en Londres y París, proyectos de revista con Skira *(Rhinocéros)* y la vistosa realización de algunas de las planchas destinadas a ilustrar el *Apocalipsis de San Juan,* Dalí presenta en diciembre, en el Palacio de Cristal, el *Ovocípedo,* medio de transporte revolucionario consistente en una esfera de plástico hueca que admite un pasajero. Posteriormente ilustra *El sombrero de tres picos* de Pedro Antonio de Alarcón.

1960. Febrero: presentación privada en Nueva York de su obra *El descubrimiento de Cristóbal Colón.* Mayo: los surrealistas escriben el artículo *We don't ear it that way,* contra la participación de Dalí en una exposición internacional de surrealismo en Nueva York. Diciembre: presentación en la Carstairs Gallery de Nueva York de su obra *Concilio Ecuménico* (realizada según la técnica del *realismo cuantificado;* no siendo el quantum de acción «más que las experiencias informales que los abstractos habrían aportado a la gran tradición»). Comienza a trabajar en la obra *The World of Salvador Dalí,* con Robert Descharnes. Mientras tanto, su interés por Mariano Fortuny renace, incidiendo concretamente en *La batalla de Tetuán.* En

esta época pinta *Gala desnuda de espaldas mirando un espejo invisible* y *Cielo Hiperxiológico.*

1961. Presentación en Venecia del *Ballet de Gala,* con Ludmilla Tcherina (escenografía, decorados y vestuario de Dalí; coreografía de Maurice Béjart) y *La dama española y el caballero romano,* de Scarlatti. La «Sala del Huevo» es la última de las piezas añadidas a la casa de Gala y Dalí en Portlligat, después de haber sido enteramente creada por Gala; fue dedicada al mito de Leda.

1962. Desde este momento Dalí tiende cada vez más a concentrarse y a resumir temas y técnicas de su carrera, tratados de nuevo y reelaborados, haciéndose eco tanto de los frutos del Pop americano como de los nuevos descubrimientos técnicos y científicos (Crick, Watson y Wilkins reciben el premio Nobel por sus estudios sobre el ácido desoxirribonucleico, *molécula de la vida*). Octubre: acaba y presenta en Barcelona *La batalla de Tetuán,* junto a la obra homónima de Fortuny. Robert Descharnes publica su monografía *Dalí de Gala,* presentada en diciembre, ocasión para la cual Dalí utiliza, al firmar, «oscilogramas» con el fin de que el dedicatario pueda conocer la indicación exacta de su vinculación afectiva con él. Pinta el *Cristo del Vallés.*

1963. Exposición de sus obras recientes en la Knoedler Gallery de Nueva York. Publicación del libro de Dalí *El mito trágico del Angelus de Millet* escrito en 1933, cuyo original se había extraviado. La prensa se refiere al mismo en términos elogiosos. Pinta el *Retrato de su hermano muerto* y *Galassdellaidesossiribonucleica,* mientras que las espirales dobles de Crick y Watson, modelos de la estructura molecular, empiezan a aparecer en sus obras.

1964. Abril: Dalí es condecorado con la Gran Cruz de Isabel la Católica. Mayo: publicación del *Diario de un genio.* Julio: *Play Boy* publica una larga entrevista hecha a Dalí donde éste explica el significado de sus relojes blandos: «Los relojes blandos constituyen, además, una prefiguración de Cristo, porque se parecen al queso que me obsesionaba: Dalí se ha dado cuenta de que el cuerpo de Jesús es como un queso. Pero Dalí no es el único que mantiene esta opinión. El primero en darse cuenta fue San Agustín que comparó el cuerpo de Cristo con montes de queso. Yo no he hecho más que introducir de nuevo el concepto de queso en el cuerpo de Cristo. En la comunión el cuerpo y la sangre están simbolizados por el pan y el vino. Igualmente en mi obra, los relojes blandos como el queso blando son la presencia del cuerpo de Cristo.» También explica otros significados del rinoceronte y de las muletas. Septiembre: gran retrospectiva de Dalí en Tokio organizada por el *Mainichi Newspaper.*

1965. La Galería de Arte Moderno de Nueva York ofrece al público la más importante de las retrospectivas de Dalí hasta la fecha, incluyendo por primera vez cuadros de la colección privada de Reynold Morse. Diciembre: la Knoedler Gallery presenta la última obra de Dalí, «mejor obra hasta la fecha», tal y como él mismo declara. Se trata de *Pop-op-yes-yes-pompier,* conocido también bajo el nombre *La estación de Perpignan.* La editorial Albin Michel firmará con Dalí un contrato por el que éste se compromete a escribir, para la colección *Lettre ouverte,* una *Carta abierta a Salvador Dalí.* Realiza también una serie de 100 acuarelas que ilustrarán la *Biblia* y otra serie de dibujos a pluma para *Las Metamorfosis Eróticas.* Su interés por la holografía y el arte tridimensional comienza a despertarse. Entre las obras que pinta a lo largo de este período se encuentran: *La apoteosis del dólar, Gala que contempla a Dalí en estado de ingravidez sobre su obra de arte Pop-op-yes-yes-pompier.*

1966. Diseña para la ONU un sobre con motivo del vigésimo aniversario de la World Federation of United Nations Associations, y un reloj de sol que será colocado en el n.º 27 de la Rue Saint Jacques de París. Durante el verano Jean Cristoph Avery comienza la realización del *Portrait mou avec du lard grillé,* proyectado en el 1972 por la TV francesa. *Le Monde* recoge su explicación del porqué del retrato... «Blando a causa de la atracción que Salvador Dalí siente hacia las cosas blandas (la vida y todo lo que vive es blando; todo lo que es duro está inerte, está muerto). Con bacon porque hay muchos cerdos en la proyección, pues el cerdo es el más blando de los animales, el más comestible. Salvador Dalí se cree un cerdo; dice que es el único animal que carga derecho contra fantasmas y delirios». Durante este año y el siguiente, Dalí pinta *La pesca del atún,* uno de sus cuadros más importantes.

1967. Noviembre: Dalí presenta en el Hotel Meurice su cuadro *La pesca del atún,* con ocasión de un homenaje a Meissonier. Obras de este último, Neville Moreau... etc., se reúnen y exponen por el mismo motivo. En el mismo hotel pronunciará una conferencia para los alumnos del E.S.S.E.C. sobre Karl Marx.

Satisface asimismo los encargos de *Puiforcat* y *Air India* llevando a cabo el diseño de un cenicero (motivo principal: cisne transformándose en elefante) y una baraja para el primero. En el mismo mes es nombrado Doctor Honoris Causa por la Academia de la Fourrure.

1968. Mayo: aparición del libro de Dalí y Louis Powell, *Les Passions selon Dalí*. Más tarde saldrá a la luz también el libro *Dalí de Draeger* para cuya presentación se organiza una gran fiesta en los talleres Draeger. Los acontecimientos del Mayo francés le brindan la ocasión de escribir el panfleto *Mi revolución cultural,* en el que destaca como virtud la oposición a la cultura burguesa, la necesidad de añadir un quantum de líbido a los organismos antiplacer como la U.N.E.S.C.O. y la posibilidad de hacer de ese «hogar del super-tedio» una auténtica zona erógena bajo los auspicios de san Luis, primer legislador del amor venal, para acabar con sus famosas palabras: «Allí por donde la revolución cultural pase ha de brotar lo fantástico». Realizará durante este año y los siguientes esculturas en vidrio, así *Cíclope, Flor del Mal, Lo importante es la rosa,* mientras recoge notas para su libro *El arte de la Historia.*

1969. Publicación de las *Metamorfosis Eróticas,* una de las cimas de su método paranoico-crítico. Julio: Dalí realiza para *Paris Match* un reportaje especial sobre París y Barcelona en el que cabe destacarse el párrafo siguiente: «S. Dalí ve en Gaudí un antídoto contra la forma más funesto de nuestro siglo: Le Corbusier. Según él, la arquitectura del mañana no será ni clínica ni funcional a la manera del protestante Le Corbusier. Será "blanda, peluda", como la de Gaudí, católico, apostólico y romano.» Trabaja en carteles publicitarios para la casa *Perrier* sobre el tema de la sed, y para los chocolates *Lanvin.* Diciembre: la conferencia del Stage de Abogados acoge a Dalí como invitado de honor y propone como tema: «¿Un artista que atribuye el valor y la originalidad de su obra al estado paranoico, bajo el cual se considera; tiene fundamentos para perseguir por difamación a un periodista que, en un artículo, ha pretendido que la carrera de este artista constituía la prueba más sólida de salud moral?» A la pregunta de ¿cómo se ha comportado Dalí tras su intervención liminar (llegada con gran retraso en compañía de un séquito variopinto y ambiguo)? Philippe Bern, secretario de la conferencia, responde: «Escuchó atentamente el discurso. Pero para volver a su intervención liminar, diré que fue más larga de lo que se esperaba. Se proclamó "anarquista, monárquico y contra la sociedad de consumo", para terminar de una manera inesperada declarando que "como la elocuencia no puede ser posible más que en lengua catalana, en la lengua de Ramón Llull, debía recitar un poema "genético" en esta lengua. Recitó un poema en catalán que nadie comprendió pero, eso sí, con un tono propio de Sarah Bernhardt".» Pinta el *Retrato de Gala.*

1970. La exposición celebrada en la Knoedler Gallery a finales del 69 tiene en la prensa americana un gran eco. Dalí anuncia la próxima creación del Museo Dalí en Figueras, proponiendo a su vez el establecimiento de un Museo del Objeto surrealista al que donaría una cincuentena de su propiedad. Realiza para el SNCF seis carteles publicitarios y firma en los nuevos almacenes *Brummel du Printemps,* el libro *Dalí por Dalí de Draeger.* Noviembre: el Museo Boymans-van Beunigen (Rotterdam) organiza la primera de las grandes retrospectivas de la obra de Dalí en Europa, contando con la colección de E. F. W. James. Continúa explorando el arte tridimensional y estudia la obra del pintor holandés Gérard Dou, contemporáneo de Vermeer, en cuyas telas descubre imágenes dobles, es decir, «estereoscópicas». A partir de este momento comienza a trabajar con la lente de Fresnel para elaborar dichas imágenes. Da por terminada su obra *El torero alucinógeno* y la *Máscara fúnebre de Napoleón* en bronce dorado. Se elaboran los primeros proyectos del Museo Dalí de Figueras con el arquitecto español Emilio Rodríguez Piñero.

1971. Marzo: inauguración del Museo Dalí de Cleveland (Ohio) que cuenta con la colección de Reynold Morse. Dedica un juego de ajedrez a base de moldes de muelas y dedos a Marcel Duchamp, al mismo tiempo que realiza trabajos para varias revistas *(Vogue* y *Scarab).* Elabora los primeros estudios para el techo del Museo de Figueras. Mientras tanto su interés se centra especialmente en la holografía, que aumenta a raíz de la concesión del premio Nobel a Denis Gabor por sus trabajos con el láser. Denis Gabor aconsejará a Dalí sobre la preparación de tres composiciones holográficas durante el año siguiente. Noviembre: importante exposición de grabados en la Galería Visión bajo el nombre *Homenaje a Durero.* Publicación de *Oui!* primera antología de textos de Dalí.

1972. Exposición de hologramas en la Knoedler Gallery de Nueva York. Robert Hughes en *Time,* califica el intento de *pseudocientífico:* «...Dalí ha utilizado simplemente un medio nuevo

para transmitir sus viejos manierismos.» Agosto: Salvador Dalí anuncia la donación de todas sus obras al Estado español (obras pintadas o no por él, pero de su propiedad). Ilustra el *Decamerón* de Boccaccio.

1973. Mayo: Dalí presenta en el Hotel Meurice su primer *Cronohologrma.* Abril: la Knoedler Gallery abre una Sala Holográfica Daliniana. Publicación de *Diez recetas de inmortalidad* y, por primera vez en francés, *Rostros Ocultos* y *Comment on devient Dalí.* Draeger publica *Les dîners de Gala.* 22 junio: presentación en el Musée d'Art Moderne de la Ville de Paris de la obra *Roi, je t'attends à Babylone,* de A. Malraux, con 14 ilustraciones de Dalí, editada por A. Skira.

1974. Publicación de *50 Secretos Mágicos.* Marzo: retrospectiva en el Museo Städel de Frankfurt-am-Main. Publicación de *Comment on dévient Dalí:* «Hermoso libro. Mentiroso y sincero al mismo tiempo. Libro en dos niveles, concierto a dos voces» (Didier Lecoin en *Les Nouvelles Littéraires,* 18-3-1974). 28 de septiembre: inauguración del Teatro-Museo Dalí de Figueras que reúne, además de una variada exhibición del genio daliniano, obras de Ernst Fuchs, Arno Breker y Antonio Pitxot. Pertenecen a esta época las siguientes obras: *Ruggiero liberando a Angélica, Transformación, Anacoreta, Figura de espaldas, Explosión de fe en una catedral, Ángeles contemplando la ordenación de un Santo, Batalla de nubes.*

1975. Enero: presentación en *Avoriaz* de la primera parte de la película *Voyage en Haute Mongolie,* realizada por Dalí. Abril: exposición de fotografías de Robert Descharnes y Marc Lacroix, organizada por Nikkon sobre el tema «Dalí, método paranoico-crítico, azar objetivo y tercera dimensión»; las fotografías fueron realizadas siguiendo iniciativas de Dalí.

1976. Octubre: Dalí deposita en la Biblioteca Nacional de París un ejemplar de su libro *La Alquimia de los Filósofos.* En ese mismo mes la revista *Sauvage* publica bajo el título *Les Mandalas de Dalí* una conversación con el pintor, que puede considerarse como una de las más agudas habidas con el artista.

1977. Mayo: retrospectiva de la obra de Dalí en el XXII Salón de Montrouge. Noviembre: François Petit presenta en París *La estación de Perpignan,* junto con una selección de obras anteriores y recientes.

1978. Abril: Dalí presenta en el Museo Guggenheim de Nueva York su primera obra hiperestereoscópica: *Dalí levantando la piel del Mediterráneo para mostrar a Gala el nacimiento de Venus.* Mayo: Dalí es elegido miembro asociado extranjero de la Academia de Bellas Artes de Francia. Julio: Dalí inicia conversaciones con el escritor Ignacio Gómez de Liaño sobre el Teatro-Museo de Figueras, interpretado a la luz del *Teatro de la Memoria* de Giulio Camillo y de las *Ruedas Combinatorias* de Raimundo Lulio. En esas conversaciones, que se prolongarán en años sucesivos, el famoso cuadro daliniano *La persistencia de la memoria* es interpretado con el paradigma del *Toisón de Oro.* Agosto: Los Reyes de España Juan Carlos y Sofía y el Príncipe de Asturias, visitan el Teatro-Museo de Figueras acompañados de Dalí y su esposa. Septiembre: Dalí recibe la medalla de oro de Figueras. Diciembre: François Petit presenta, con ocasión de un homenaje a Claudio de Lorena, en el Hotel Meurice *La mano de Dalí retirando un Toisón de Oro en forma de nube para mostrar a Gala la aurora desnuda muy, muy lejos detrás del sol.* También pinta en este período *La armonía de las esferas, Odalisca cibernética, Pierrot lunaire, El Cristo de Gala,* y *En busca de la Cuarta Dimensión,* que concluye en el año siguiente.

1979. Mayo: Dalí recibe en el Hotel Meurice de la mano de Louis Weiler el espadín de académico, diseñado por el propio artista. Al día siguiente pronuncia bajo la Cúpula del Instituto de Francia su discurso de ingreso en la Academia, que se intitula *Gala, Velázquez y el Toisón de Oro.* Entre otros asuntos, habla del ADN, Heisenberg, Leibnitz, Descartes, R. Thom, Eugenio Montes, y el Teatro de la memoria. Diciembre: inauguración de la retrospectiva de Salvador Dalí y de su entorno *La kermesse héroique,* especialmente concebido para el Centro Georges Pompidou de París. Sus cuadros *Alucinación rafaelesca* y *La sardana pentagonal* pertenecen a esta época.

1980. Primavera: una nueva gran retrospectiva de la obra de Salvador Dalí tiene lugar en la Tate Gallery de Londres. Octubre: Dalí entrega en el Palacio de la Zarzuela su retrato del Rey de España, con el título de *El Príncipe de ensueño,* obra singular en la que se funden diversas técnicas: surrealismo, hiperrealismo, cibernética, anamorfismo, etc. A este año corresponde *El caballo alegre,* del Museo de Figueras, cuadro lleno de expresión y dramatismo en el que se ve un despojo de animal con moscas y paisaje del Ampurdán.

1981. Dalí se recupera lentamente de una enfermedad contraída durante el invierno en Nueva York, que se agrava por el cansancio producido a causa de la intensa actividad desarrollada por el artista en los últimos años. Agosto: recibe en su residencia de Portlligat la visita de los reyes Juan Carlos y Sofía, que se interesan por su estado de salud, deseándole que trabaje muchos años por España. Septiembre: Dalí, cada vez más retirado de la vida social en su residencia de Portlligat, efectúa una visita al Museo de Figueras y reanuda su actividad artística con los temas de las Ruedas lulianas y el Toisón de Oro.

1982. En su retiro ampurdanés, pinta varios cuadros reelaborando temas propios y otros de Velázquez y Miguel Ángel. Febrero: inauguración de la exposición «Los ciclos literarios de Salvador Dalí» en la Sala Tiépolo de la Caja de Ahorros de Madrid. Marzo: inauguración del Museo Dalí de San Petersburgo, Florida (EE. UU.), fundado por Reynold y Eleanor Morse. De la mano del presidente Jordi Pujol recibe la medalla de oro de la Generalitat de Cataluña.

Gala es internada dos veces en un centro hospitalario de Barcelona. 10 de junio: fallece Gala, compañera, musa y modelo del artista durante más de cincuenta años. En ceremonia íntima, el día siguiente, sus restos mortales son inhumados en el castillo de Púbol, municipio de La Pera (Gerona). 16 de junio:

Dalí recibe en Púbol, con carácter excepcional, al delegado del Gobierno en Cataluña, señor Rovira Tarazona, quien en nombre del Rey le entrega la credencial de la concesión de la Gran Cruz de la Orden de Carlos III, máxima condecoración del Estado español. Esa misma tarde recibe al director general de Bellas Artes, señor Pérez de Armiñán, y a la subdirectora general de Artes Plásticas, señora Beristain, y se firma el protocolo para la gran exposición antológica de Dalí, que habrá de celebrarse en Madrid y Barcelona en los próximos meses. Del lado de Dalí suscriben el protocolo los señores Antonio Pitxot, Robert Descharnes, Miguel Doménech e Ignacio Gómez de Liaño.

Los últimos cuadros pintados por Dalí en los meses de mayo y junio son *Los tres enigmas gloriosos de Gala*, y *Roma* (inacabado al cierre de esta Cronología). En el primero se ve en un paisaje plano y gris matizado con colores y reflejos irisados tres objetos repetidos con forma de balaustrada gaudiniana o megalitos arcaicos que de hecho se corresponden, como imágenes-dobles, a tres perfiles de cabeza romana con giro de 90 grados. En el segundo de los cuadros, se añade a este motivo otro de tipo sacrificial relacionado con el tema de *Mártir*, tragedia, inacabada, en la que trabaja Dalí desde hace varios años.

1. *Viejo crepuscular.* 1917-1918.
   Oleo sobre tela con arena, 50×30 cm.
   Col. Ramón Pichot Soler, Barcelona.

2

2. *La abuela Ana cosiendo*. H. 1917.
   Oleo sobre arpillera, 46×62 cm.
   Col. Dr. Joaquín Vila Moner, Figueras (Girona).

3. *Autorretrato del artista con su caballete en Cadaqués*. H. 1919.
   Oleo sobre tela, 27×21 cm.
   Museo Dalí de San Petersburgo, Florida. Fundación Reynold Morse.

3

4

5

4. *Retrato de José M. Torres*. H. 1920.
   Oleo sobre tela, 49,5 × 39,5 cm.
   Museo de Arte Moderno, Barcelona.

5. *Retrato del violoncelista Ricardo Pichot*. 1920.
   Oleo sobre tela, 61,5 × 49 cm.
   Col. Antonio Pitxot Soler, Cadaqués.

6. *Autorretrato con cuello de Rafael*. 1920-1921.
   Oleo sobre tela, 47 × 30 cm.
   Col. particular, España.

7

7. *Autorretrato.* 1921.
   Oleo sobre cartón, 47 × 30 cm.
   Teatro-Museo Dalí, Figueras (Girona).

8. *Playa de El Llané en Cadaqués.* 1921.
   Oleo sobre cartón, 63 × 89 cm.
   Col. Peter Moore, París.

9. *Cadaqués.* 1922.
   Oleo sobre tela, 60,5 × 82 cm.
   Col. Montserrat Dalí de Bas, Barcelona.

8

9

10

11

12

10. *Los primeros días de la primavera.* 1922-1923.
Tinta china y acuarela sobre papel, 21,5 × 14,5 cm.
Col. particular.

11. *Bañistas de El Llané.* 1923.
Oleo sobre cartón, 72 × 103 cm.
Col. José Encesa, Barcelona.

12. *Port Alguer.* 1924.
Oleo sobre tela, 100 × 100 cm.
Teatro-Museo Dalí, Figueras (Girona).

13

14

13. *Ana María* (la hermana del artista). 1924.
    Oleo sobre tela.
    Col. Vda. de Carles, Barcelona.

14. *Naturaleza cristalina.* 1924.
    Oleo sobre tela, 100 × 100 cm.
    Col. particular.

15. *Venus y Cupidillos.* 1925.
    Oleo sobre tabla, 26 × 23 cm.
    Col. particular.

16. *Port Alguer.* 1925.
    Oleo sobre tela, 36 × 38 cm.
    Col. particular.

15

16

17. *Muchacha sentada de espaldas* (Ana María). 1925.
Oleo sobre tela, 108 × 77 cm.
Museo Español de Arte Contemporáneo, Madrid.

18. *Muchacha de pie a la ventana*
(su hermana Ana María). 1925.
Oleo sobre tela, 103 × 74 cm.
Museo Español de Arte Contemporáneo, Madrid.

19. *Bahía de Cadaqués.* 1925.
Oleo sobre tela, 40 × 52 cm.
Col. particular.

18

19

20

20. *Cala Nans embellecida con cipreses, en Cadaqués.* 1925.
Oleo sobre tela, 40×50 cm.
Col. Enrique Sabater, Palafrugell.

21. *Retrato del padre del artista.* 1925.
Oleo sobre tela, 104,5×104,5 cm.
Museo de Arte Moderno, Barcelona.

22. *Penya segat* (también llamado *Mujer sentada sobre las rocas.* El paisaje corresponde al Cabo Norfeu, en las proximidades de Cadaqués). 1926.
Oleo sobre tabla, 26×40 cm.
Col. Marianna Minota de Gallotti, Milán.

23. *La cesta del pan.* 1926.
Oleo sobre tabla, 31,7×31,7 cm.
Museo Dalí de San Petersburgo, Florida.
Fundación Reynold Morse.

21

22

23

24

24. *La noia dels rulls (La chica del Ampurdán)*. 1926.
    Oleo sobre contraplacado, 51×40 cm.
    Museo Dalí de San Petersburgo, Florida.
    Fundación Reynold Morse.

25. *Mujer con marinero*. H. 1926.
    Col. Belitz, Nueva York.

26. *Autorretrato cubista*. 1926.
    Gouache y collage, 105×75 cm.
    Col. particular.

25

27

28

27. *Venus y marinero* (homenaje a Salvat-Papasseit). 1926.
Oleo sobre tela, 216 × 147 cm.
Gulf American Gallery Inc., Miami.

28. *Maniquí de Barcelona*. 1927.
Oleo sobre tabla, 198 × 149 cm.
Col. particular.

29. *Senicitas*. 1926-1927.
Oleo sobre tabla, 63 × 47 cm.
Col. particular.

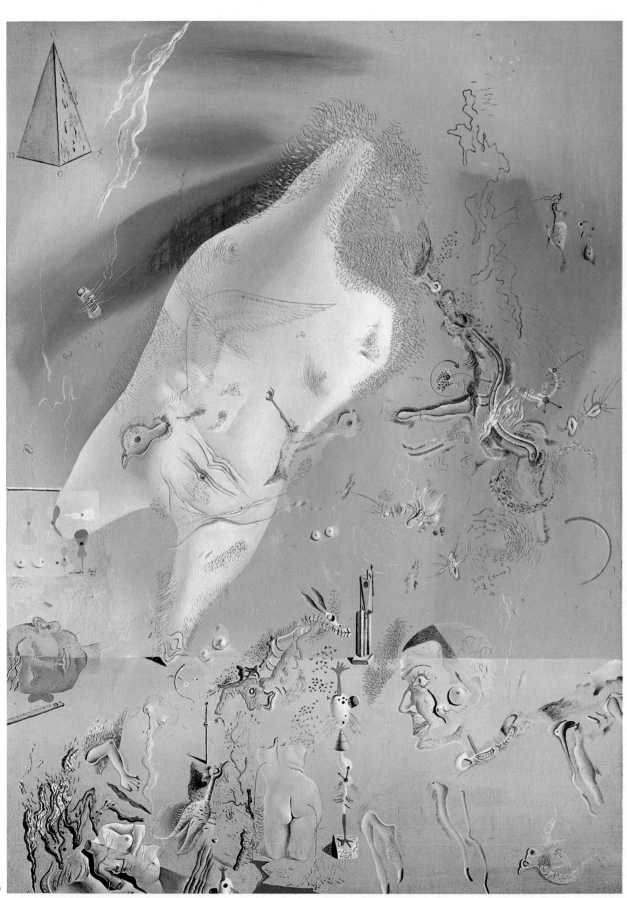

29

30

31

30. *Bodegón.* 1927.
Oleo sobre tela, 199 × 150 cm.
Col. particular.

31. *Rostro ameba.* 1927.
Oleo sobre tela, 100 × 100 cm.
Col. particular.

32. *La miel es más dulce que la sangre.* 1927.
Perteneció a Cocó Chanel. García Lorca
llamó a este cuadro «El bosque de los
objetos». El título de esta obra corresponde
a una frase de Lidia Nogués.

33. *El asno podrido.* 1928.
Oleo sobre tabla, 61 × 50 cm.
Col. F. Petit, París.

32

33

34. *Carne de gallina inaugural.* 1928.
    Oleo sobre tela, 75,5 × 62,5 cm.
    Col. Ramón Pichot Soler, Barcelona.

35. *Retrato de Paul Éluard.* 1929.
    Oleo sobre cartón, 33 × 25 cm.
    Col. particular.

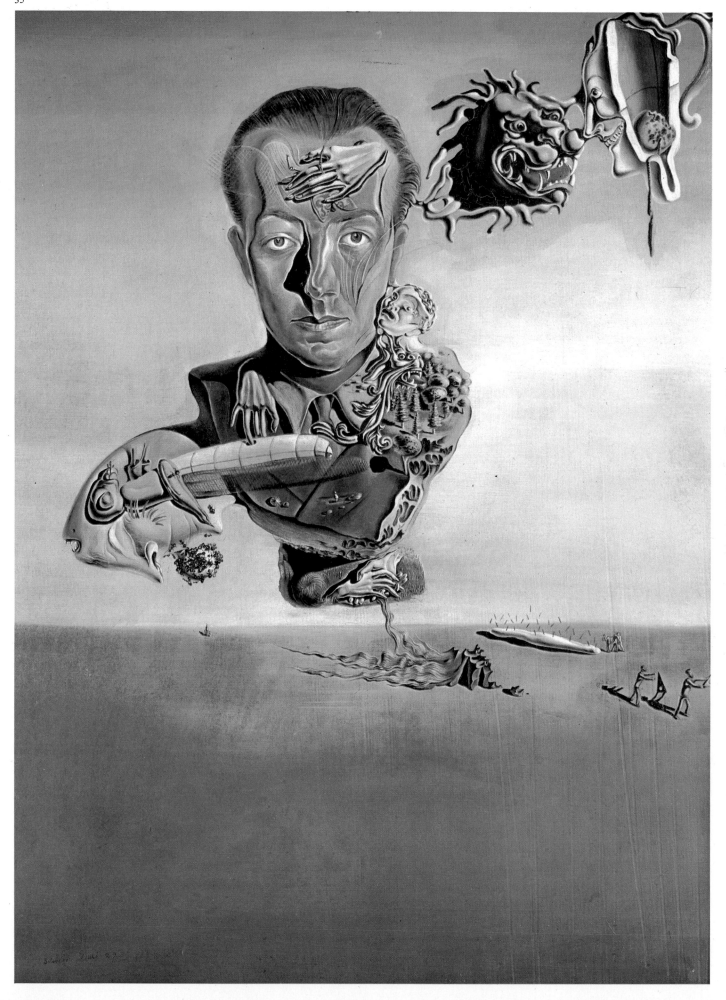

36

37

36. *Los primeros días de la primavera*. 1929.
   Oleo y collage sobre tabla, 49,5 × 64 cm.

37. *Espectro de la tarde*. 1930.
   Oleo sobre tela, 46 × 54 cm.
   San Diego Museum of Art, San Diego, California.

38. *Vértigo,* o *Torre del Placer* (detalle). 1930.
   Oleo sobre tela, 60 × 50 cm.

38

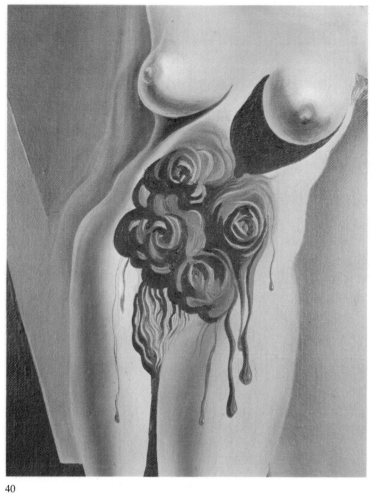

40

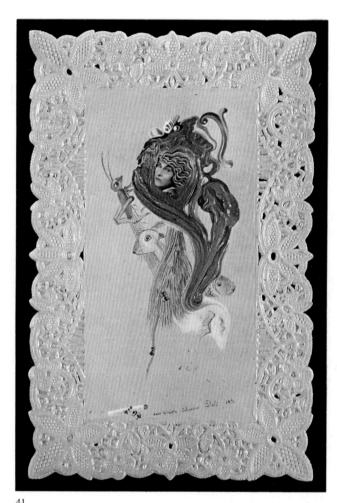

41

42

39. *Osificación prematura de una estación.* 1930.
   Oleo sobre tela, 31,5 × 27 cm.
   Col. particular.

40. *Rosas sangrantes* (detalle). 1930.
   Oleo sobre tela, 75 × 64 cm.
   Col. J. Bounjon, Bruselas.

41. *Primer retrato de Gala.* 1931.
   Oleo sobre cartón, 14 × 9 cm.
   Col. Albert Field, Nueva York.

42. *La persistencia de la memoria (Los relojes blandos).* 1931.
   Oleo sobre tela, 26,3 × 36,5 cm.
   The Museum of Modern Art, Nueva York.

43. *Gradiva encuentra las ruinas antropomorfas.* 1931.
    Oleo sobre tela, 65 × 54 cm.
    Col. Thyssen-Bornemisza, Lugano-Castagnola.

44. *Sombras de la noche descendentes.* 1931.
    Oleo sobre tela, 61 × 50 cm.
    Museo Dalí de San Petersburgo, Florida. Fundación
    Reynold Morse.

45. *Símbolo agnóstico.* 1932.
    Oleo sobre tela, 54,3 × 65,1 cm.
    The Philadelphia Museum of Art, Filadelfia.

43

44

45

46

46. *Alucinación parcial. Seis apariciones de Lenin
    sobre un piano.* 1931.
    Oleo sobre tela, 114×146 cm.
    Musée National d'Art Moderne, París.

47. *Meditación sobre el arpa.* 1932-1934.
    Oleo sobre tela, 67×47 cm.
    Museo Dalí de San Petersburgo, Florida. Fundación Reynold Morse.

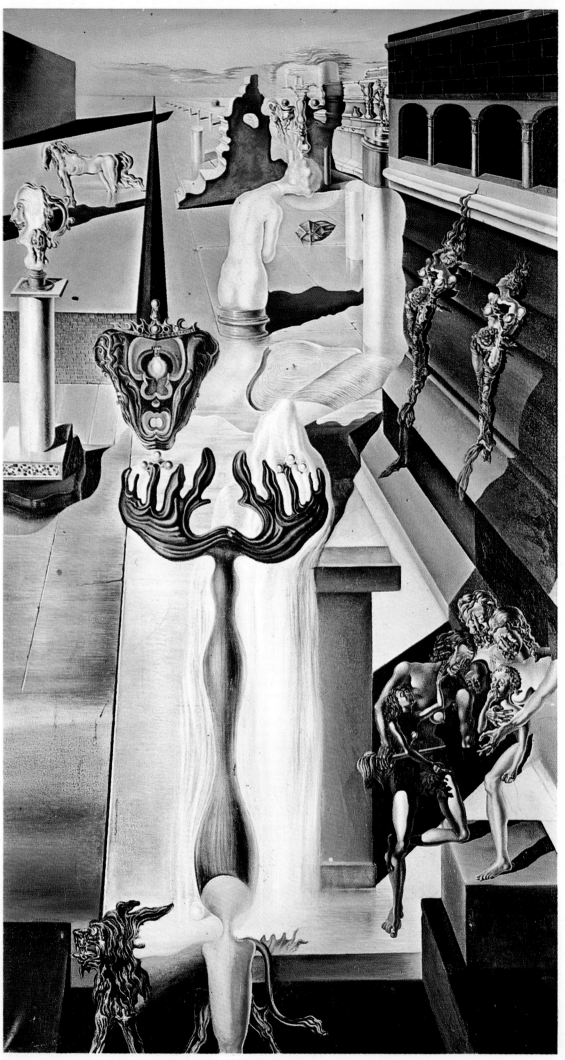

48

48. *El hombre invisible.* 1929-1933.
    Oleo sobre tela, 143 × 81 cm.
    Col. particular.

49. *Babaouo.* 1932.
    Caja de madera con cristales pintados,
    25,8 × 26,4 × 30,5 cm.
    Perls Galleries, Nueva York.

50. *La tartana fantasma.* 1933.
    Oleo sobre tabla, 19 × 24,1 cm.
    Col. Edward F. W. James, Sussex.

49

50

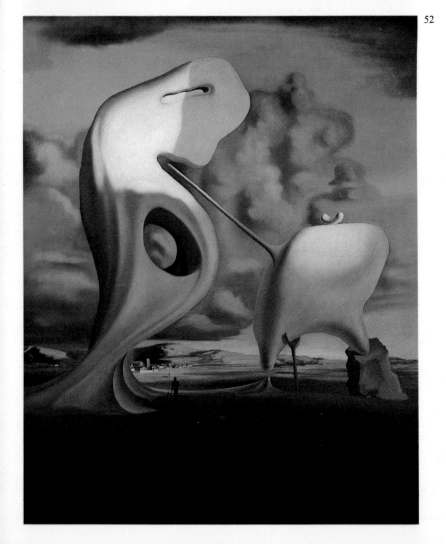

51. *Gala y el Angelus de Millet precediendo la llegada inminente de las anamorfosis cónicas.* 1933.
Oleo sobre contraplacado, 24 × 18,8 cm.
National Gallery of Canada, Ottawa.

52. *El Angelus arquitectónico de Millet.* 1933.
Oleo sobre tela, 73 × 60 cm.
Perls Galleries, Nueva York.

53. *Instrumento masoquista.* 1933-1934.
Oleo sobre tela, 62 × 47 cm.
Col. particular.

53

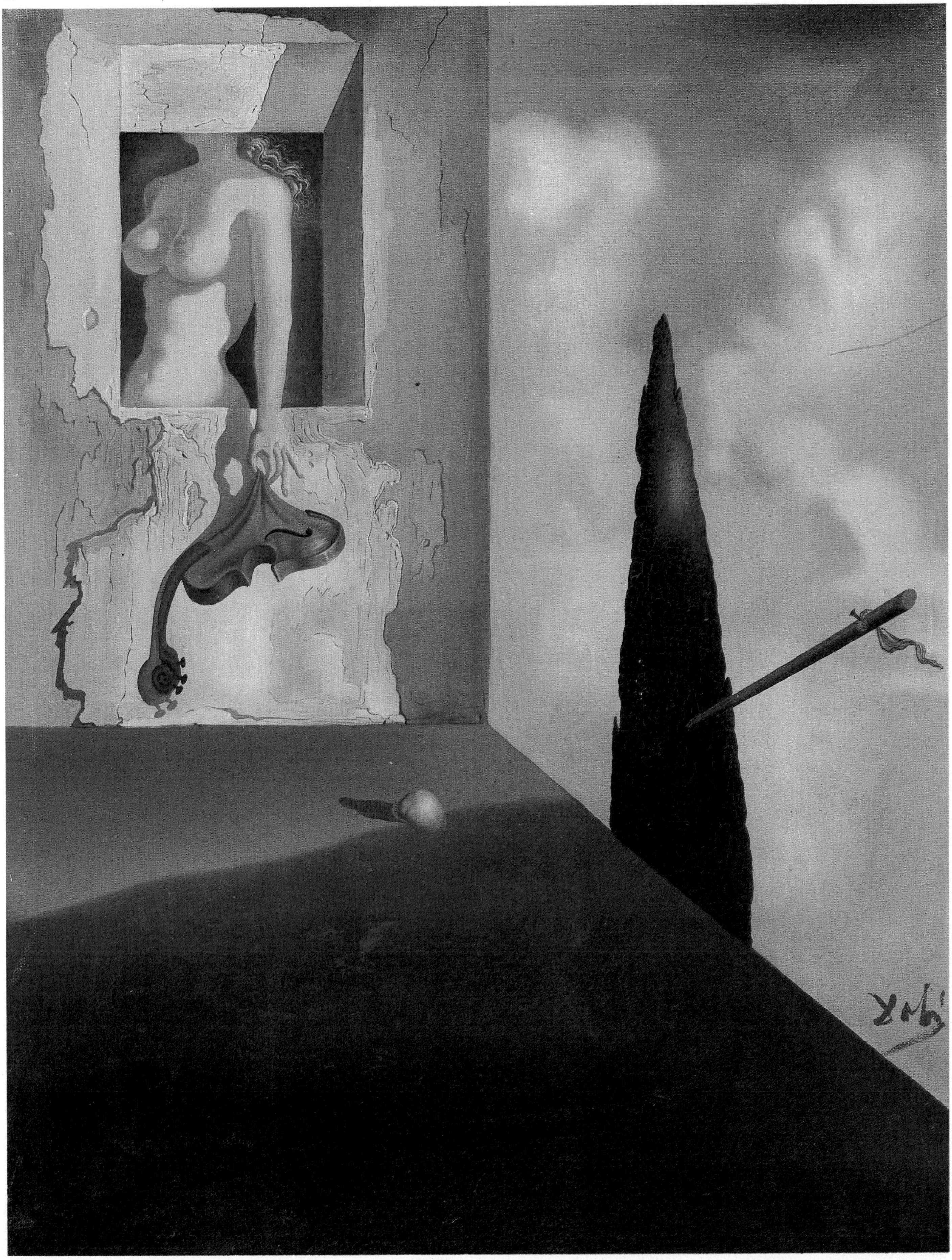

54

55

54. *Gala con dos chuletas de cordero en equilibrio sobre su hombro*. 1933.
Oleo sobre contraplacado, 31 × 39 cm.
Teatro-Museo Dalí, Figueras (Girona).

55. *Reminiscencias arqueológicas del Angelus de Millet*.
1933-1935.
Oleo sobre tabla, 31,7 × 39,3 cm.
Museo Dalí de San Petersburgo, Florida.
Fundación Reynold Morse.

56. *El espectro del sex-appeal*. 1934.
Oleo sobre tabla, 18 × 14 cm.
Teatro-Museo Dalí, Figueras (Girona).

57. *Elementos enigmáticos en un paisaje* (detalle). 1934.
    Oleo sobre tabla, 61,5 × 58,5 cm.
    Col. Sulzberger, París.

58. *Destete del mueble alimento.* 1934. (Obsérvese que el paisaje de Portlligat aparece invertido.)
    Oleo sobre tabla.
    Museo Dalí de San Petersburgo, Florida. Fundación Reynold Morse.

59. *Aparición de mi prima Carolineta en la playa de Rosas* (detalle). 1934.
    Oleo sobre tela, 73 × 100 cm.
    Col. Martin Thèves, Bruselas.

60. *El barco.* 1934-1935.
    Oleo sobre tela, 29,5 × 22,5 cm.
    Col. particular.

58

59

60

61

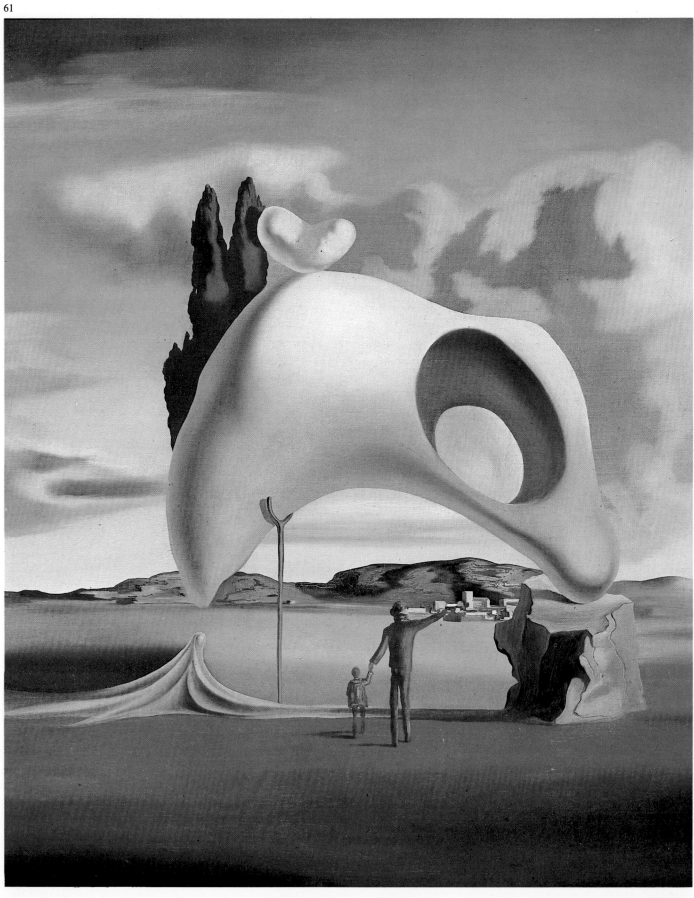

63. *El caballero de la muerte*. 1935.
   Oleo sobre tela, 65×53 cm.
   Col. F. Petit, París.

64. *Perspectivas*. 1936.
   Oleo sobre tela, 65×65,5 cm.
   Fondation Emanuel Hoffman, Kuntsmuseum Basel, Basilea.

65. *El mueble antropomórfico*. 1936.
   Oleo sobre tabla, 25,4×43,1 cm.
   Kunstsammlung Nordheim-Westfalen,
   Düsseldorf.

63

64

65

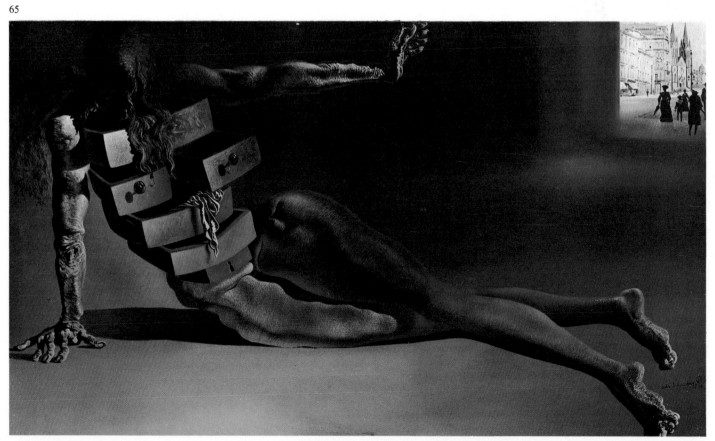

66

67

68

66. *El farmacéutico de Figueras, que no está buscando absolutamente nada.* 1936.
Oleo sobre tabla, 30 × 56 cm.
Col. Edward F. W. James, Sussex.

67. *Calma blanca.* 1936.
Oleo sobre tabla, 41 × 33 cm.
Col. Edward F. W. James, Sussex.

68. *Construcción blanda con judías hervidas. Premonición de la guerra civil.* 1936.
Oleo sobre tela, 100 × 99 cm.
The Philadelphia Museum of Art, Filadelfia, U.S.A.

69

70

71

69. *Mujeres con cabezas florales encontrando la piel de un piano de cola en la playa.* 1936.
    Oleo sobre tela, 54 × 65 cm.
    Museo Dalí de San Petersburgo, Florida. Fundación Reynold Morse.

70. *Justicia geológica.* 1936.
    Oleo sobre tabla, 11 × 19 cm.
    Museo Boymans-van Beuningen, Rotterdam.

71. *El gran paranoico.* 1936.
    Oleo sobre tela, 62 × 62 cm.
    Museo Boymans-van Beuningen, Rotterdam.

72. *Mesa solar*. 1936.
    Oleo sobre tabla, 60×46 cm.
    Museo Boymans-van Beuningen, Rotterdam.

73. *Canibalismo de otoño*. 1936-1937.
    Oleo sobre tela, 65×65,2 cm.
    Tate Gallery, Londres.

74. *Girafas encendidas.* 1936-1937.
    Oleo sobre tabla, 35×27 cm.
    Fondation Emanuel Hoffmann,
    Kuntsmuseum Basel, Basilea.

75. *El sueño.* 1937.
    Oleo sobre tela, 50×77 cm.
    Col. Edward F. W. James, Sussex.

76. *El enigma de Hitler.* 1937.
    Oleo sobre tela.
    Col. particular.

77. *La invención de los monstruos.* 1937.
    Oleo sobre tabla, 51,2×78,5 cm.
    The Art Institute of Chicago, Chicago.

74

75

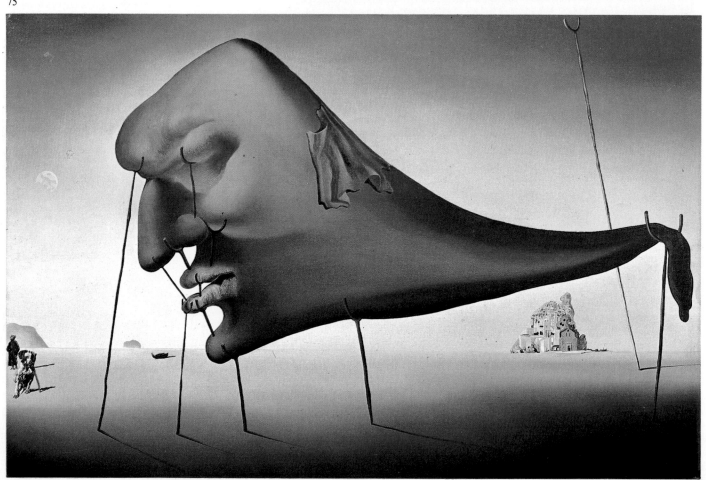

76

77

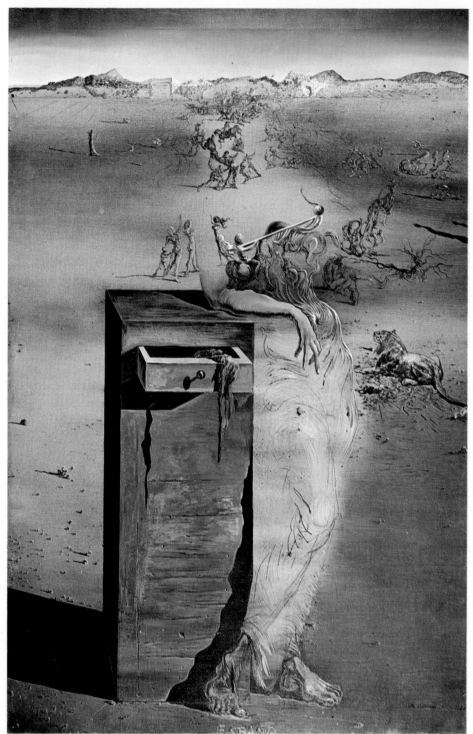

78

78. *España.* 1936-1938.
    Oleo sobre tela, 91,8 × 60,2 cm.
    Museo Boymans-van Beuningen, Rotterdam.

79. *Metamorfosis de Narciso.* 1937.
    Oleo sobre tela, 50,8 × 78,2 cm.
    Tate Gallery, Londres.

80. *Simulacro transparente de una falsa imagen.* H. 1938.
    Oleo sobre tela, 73,5 × 92 cm.
    Albrigth Knox Art Gallery, Buffalo, Nueva York.

79

80

81

81. *Impresiones de África* (detalle). 1938.
    Oleo sobre tela, 91,5 × 117,5 cm.
    Museo Boymans-van Beuningen, Rotterdam.

82. *Corredor de Palladio con una sorpresa dramática.*
    1938.
    Oleo sobre tela, 75 × 104 cm.
    Segialan Anstalt.

83. *Playa con teléfono.* 1938.
    Oleo sobre tela, 73 × 92 cm.
    Tate Gallery, Londres.

84. *La imagen desaparece.* 1938.
    Oleo sobre tela, 55,9 × 50,8 cm.
    Col. particular.

85. *El enigma sin fin.* 1938.
    Oleo sobre tela, 114,5 × 146,5 cm.
    Col. particular.

82

83

84

86. *Mercado de esclavas con la aparición del busto invisible de Voltaire.* 1940.
Oleo sobre tela, 46,5 × 65,5 cm.
Museo Dalí de San Petersburgo, Florida.
Fundación Reynold Morse.

87. *Araña de la tarde ¡Esperanza!* 1940.
Oleo sobre tela, 41 × 51 cm.
Museo Dalí de San Petersburgo, Florida.
Fundación Reynold Morse.

88. *Autorretrato blando con loncha de bacon asado.* 1941.
Oleo sobre tela, 61 × 50,8 cm.
Col. particular.

86

87

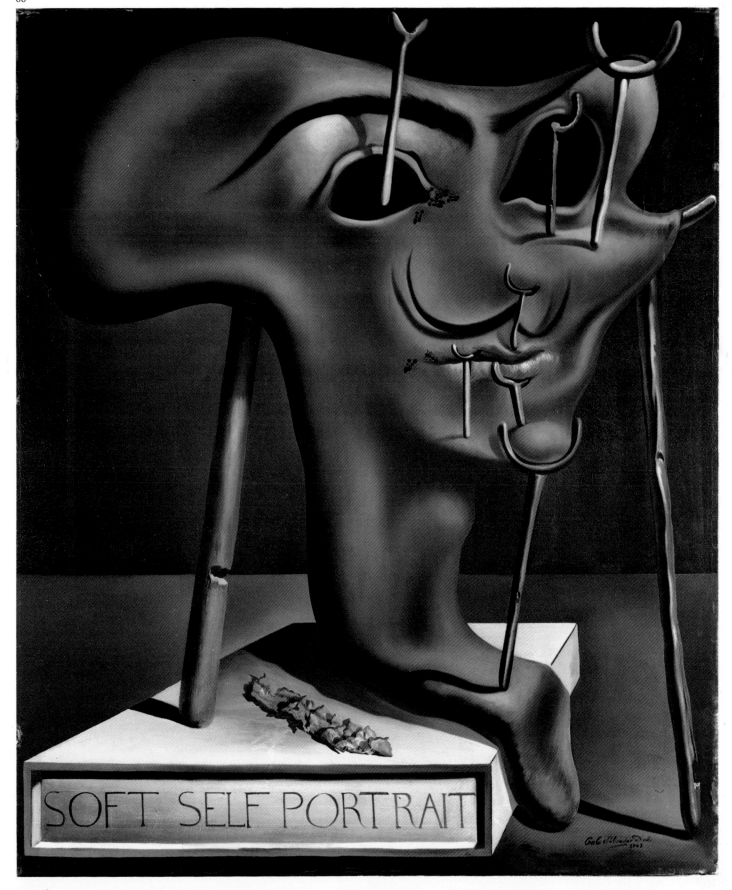

89

90

91

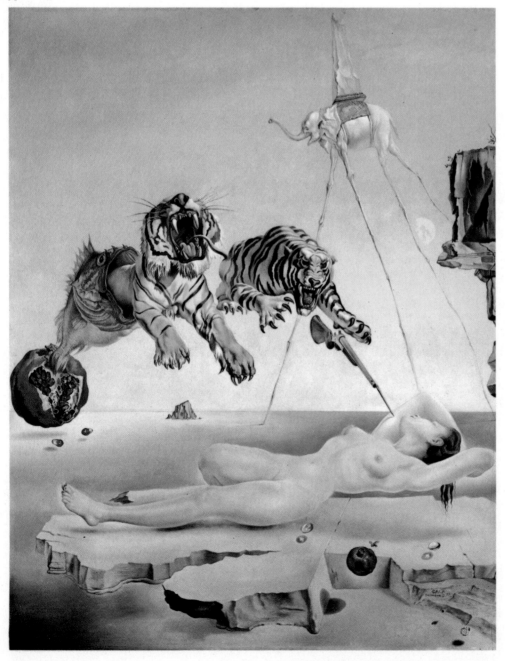

89. *El ojo del tiempo.* 1941.
Joya-reloj.
The Owen Cheatham Foundation.

90. Joya (oro, rubíes y perlas). 1941.
The Owen Cheatham Foundation.

91. *Sueño causado por el vuelo de una
abeja alrededor de una granada un
segundo antes de despertar.* 1944.
Oleo sobre tabla, 51×41 cm.
Col. Thyssen-Bornemisza, Lugano-
Castagnola.

92. *Media taza gigante voladora, con
anexo inexplicable de cinco metros
de longitud.* 1944-1945.
Oleo sobre tela, 50×31 cm.
Col. particular, Basilea.

93. *La cesta del pan*. 1945.
    Oleo sobre tabla, 37 × 32 cm.
    Teatro-Museo Dalí, Figueras (Girona).

94. Diseño para la película *Spellbound (Recuerda)*,
    protagonizada por Ingrid Bergman y dirigida
    por Alfred Hitchcock. 1945.

95. *Retrato de Picasso a la gloria del sol*. 1947.
    Oleo sobre tela, 64,1 × 54,7 cm.
    Col. particular, Nueva York.

94

95

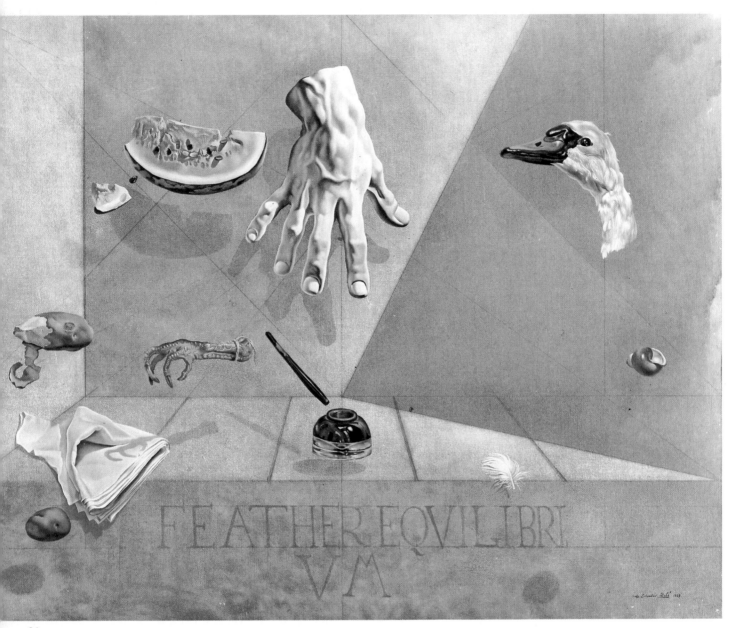

97

96. *Equilibrio intraatómico de una pluma de cisne.* 1947.
    Oleo sobre tela, 77,5 × 96,5 cm.
    Col. particular.

97. *Las tres esfinges de Bikini.* 1947.
    Oleo sobre tela, 30 × 50 cm.
    Galerie Petit, París.

98. *Leda atómica*. 1949.
   Oleo sobre tela, 60×44 cm.
   Teatro-Museo Dalí, Figueras (Girona).

99. *Primer estudio para la Madona de Portlligat*. 1949.
   Oleo sobre tela, 48,9×37,5 cm.
   Marquette University Committee on the Fine Arts, Milwaukee, Wisconsin.

100

101

100. *Dalí, a la edad de seis años, cuando creía que era una niña, levantando la piel del agua para ver a un perro que duerme a la sombra del mar.* 1950.
Oleo sobre tela, 80×99 cm.
Col. Conde François de Vallombreuse, París.

101. *Paisaje de Portlligat.* 1950.
Oleo sobre tela, 58×78 cm.
Museo Dalí de San Petersburgo, Florida. Fundación Reynold Morse.

102. *Cabeza rafaelesca estallando.* 1951.
Oleo sobre tela, 44,5×35 cm.
Col. Stead H. Stead Ellis, Somerset, Inglaterra.

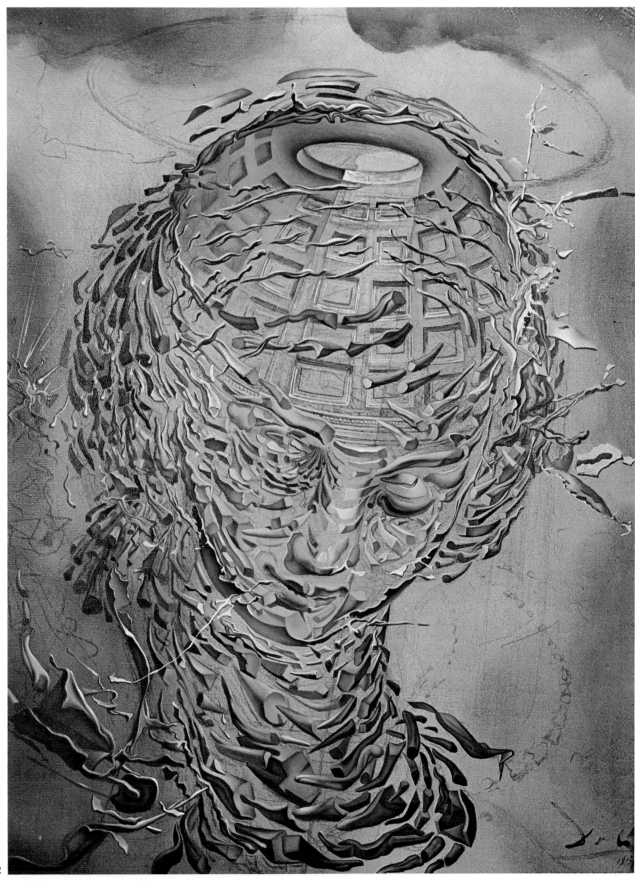

104

103. *Cristo de San Juan de la Cruz*. 1951.
Oleo sobre tela, 205 × 116 cm.
Art Gallery, Glasgow.

104. *El ángel de Portlligat*. 1952.
Oleo sobre tela, 58,4 × 78,3 cm.
Museo Dalí de San Petersburgo, Florida.
Fundación Reynold Morse.

105. *Galatea de las esferas*. 1952.
Oleo sobre tela, 64 × 54 cm.
Teatro-Museo Dalí, Figueras (Girona).

105

106

106. *Retrato de Gala con síntomas rinocerónticos.* 1954. Oleo sobre tela, 39×31,5 cm. Col. particular.

107. *Desintegración de la persistencia de la memoria.* 1952-1954. Oleo sobre tela, 25×33 cm. Museo Dalí de San Petersburgo, Florida. Fundación Reynold Morse.

108. *Crucifixión («Corpus hypercubus»).* 1954. Oleo sobre tela, 194,5×124 cm. Metropolitan Museum of Art, Nueva York. Legado de Chester Dale.

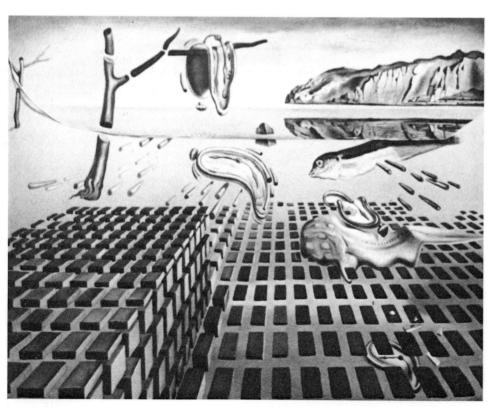

107

109

110

111

109. *La última cena.* 1955.
     Oleo sobre tela, 167 × 268 cm.
     National Gallery of Art, Washington. Legado de Chester Dale.

110. *Carne de gallina rinoceróntica.* 1956.
     Oleo sobre tela, 93 × 60 cm.
     Col. Bruno Pagliai, México.

111. *Santa Elena en Portlligat.* 1956.
     Oleo sobre tela, 31 × 42 cm.
     Museo Dalí de San Petersburgo, Florida. Fundación Reynold Morse.

112

113

114

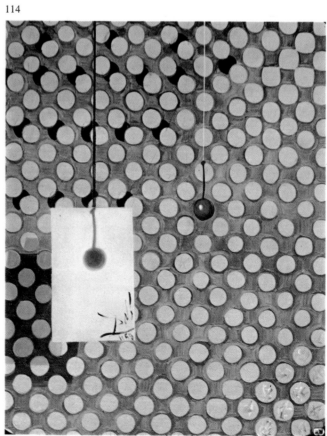

112. *Naturaleza muerta viva.* 1956.
     Oleo sobre tela, 125 × 160 cm.
     Museo Dalí de San Petersburgo,
     Florida. Fundación Reynold Morse.

113. *Rosa meditativa.* 1958.
     Oleo sobre tela, 36 × 28 cm.
     Col. Mr. y Mrs. Arnold Grant,
     Nueva York.

114. *Madona Sixtina* (detalle). 1958.
     Oleo sobre papel, 223 × 190 cm.
     Col. Henry J. Heinz II,
     Nueva York.

115. *Velázquez pintando a la Infanta*
     Margarita, rodeada de las luces y
     sombras de su propia gloria. 1958.
     Oleo sobre tela, 153 × 92 cm.
     Col. Eleanor Reynold Morse.

116. *El sueño de Colón*. 1958-1959.
    Oleo sobre tela, 410,2 × 284,8 cm.
    Museo Dalí de San Petersburgo, Florida. Fundación Reynold Morse.

117. *Virgen de Guadalupe*. 1959.
    Oleo sobre tela, 130 × 98,5 cm.
    Col. Alfonso Fierro, Madrid.

118

119

120

118. *Gala desnuda de espalda mirando un espejo invisible.* 1960.
Oleo sobre tela, 42 × 32 cm.
Teatro-Museo Dalí, Figueras (Girona).

119. *Nacimiento de una divinidad.* 1960.
Oleo sobre tela, 36 × 26 cm.
Col. Mrs. Henry J. Heinz II, Nueva York.

120. *Batalla de Tetuán.* 1962.
Oleo sobre tela, 308 × 406 cm.
Col. David Nahmad, Milán.

121. *Salvador Dalí en el acto de pintar a Gala en la apoteosis del dólar, en la cual se puede percibir también a la izquierda a Marcel Duchamp disfrazado de Luis XIV, detrás de una cortina de estilo Vermeer que no es sino el rostro invisible aunque monumental del Hermes de Praxiteles.* 1965.
Oleo sobre tela, 400 × 498 cm.
Museo Dalí de San Petersburgo, Florida. Fundación Reynold Morse.

122. *La estación de Perpignan.* 1965.
Oleo sobre tela, 295 × 406 cm.
Museo Ludwind, Colonia.

123. *La pesca del atún.* 1966-1967.
Oleo sobre tela, 304 × 404 cm.
Fundación Paul Ricard, Bandol (Francia).

121

122

123

124

125

126

127

128

124. *Atleta cósmico*. 1968.
Oleo sobre tela.
Palacio de la Zarzuela
(Patrimonio Nacional Español),
Madrid.

125. *Torero alucinógeno*. 1969-1970.
Oleo sobre tela, 400 × 300 cm.
Museo Dalí de San Petersburgo,
Florida. Fundación Reynold
Morse.

126. *Hora de la Monarquía*. 1969.
Oleo 3 m. de diámetro.
Techo en el Palacete Albéniz de
Montjuich. Propiedad
Ayuntamiento de Barcelona.

127. *Rinoceronte op*. 1970.
Plástico especial inventado por
Dalí, 14,5 × 18 cm.
Col. particular.

128. *Cuadro estereoscópico
inacabado*. 1973-1974.
Oleo sobre tela, 60 × 60 cm.
Teatro-Museo Dalí, Figueras
(Girona).

129. *Ruggiero liberando a Angélica*. 1974.
Oleo sobre tela, 350×200 cm.
Teatro-Museo Dalí, Figueras (Girona).

130. *Gala mirando al Mar Mediterráneo*. 1974-1976.
Oleo sobre tela, 240×182 cm.
Col. Martin Lawrence.

131

132

131. *Monstruo blando en paisaje angélico.* 1977.
     Oleo sobre tela.
     Museo del Vaticano.

132. *En busca de la cuarta dimensión.* 1979.
     Oleo sobre tela, 122,5 × 246 cm.
     Col. particular.

133 y 134. *El Palacio del Viento* (Techo de la Planta Noble
     del Teatro-Museo Dalí de Figueras) (Detalle).
     Conjunto: Oleo sobre cinco telas adheridas al techo.
     Tela central: 2,55 × 8,40 m. Telas laterales: 8,40 y 11 m.
     de base, por 1,70 m. de altura. Telas de juntura: 5,75 y
     2,30 m. de base, por 1,30 m. de altura.

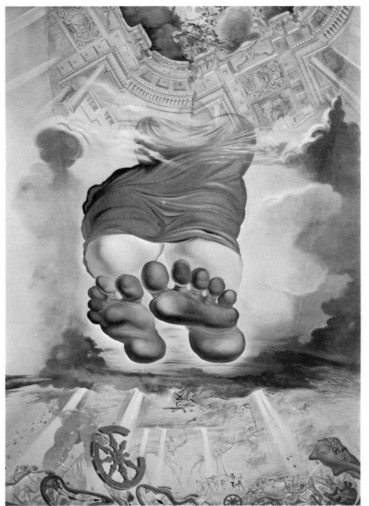

133

134

135. Patio-Jardín del Teatro-Museo Dalí de Figueras.
Inaugurado el 28 de septiembre de 1974.
En primer plano, escultura de Ernst Fuchs.

136. *El camino del enigma*. 1981.
Oleo sobre tela, 140×94 cm.
Teatro-Museo Dalí, Figueras (Girona).

137

138

139

137. *La Pietà*. 1982.
     Oleo sobre tela, 100 × 100 cm
     Teatro-Museo Dalí, Figueras (Girona).

138. *Otelo soñando Venecia*. 1982.
     Oleo sobre tela, 100 × 90 cm.
     Teatro-Museo Dalí, Figueras (Girona).

139. *Los tres enigmas gloriosos de Gala*. 1982.
     Oleo sobre tela, 130 × 120 cm.
     Museo Español de Arte Contemporáneo, Madrid.

INDICE DE ILUSTRACIONES

42. *La persistencia de la memoria (Los relojes blandos).* 1931.
Oleo sobre tela, 26,3 × 36,5 cm.
The Museum of Modern Art, Nueva York.

43. *Gradiva encuentra las ruinas antropomorfas.* 1931.
Oleo sobre tela, 65 × 54 cm.
Col. Thyssen-Bornemisza, Lugano-Castagnola.

44. *Sombras de la noche descendentes.* 1931.
Oleo sobre tela, 61 × 50 cm.
Museo Dalí de San Petersburgo, Florida.
Fundación Reynold Morse.

45. *Símbolo agnóstico.* 1932.
Oleo sobre tela, 54,3 × 65,1 cm.
The Philadelphia Museum of Art, Filadelfia.

46. *Alucinación parcial. Seis apariciones de Lenin sobre un piano.* 1931.
Oleo sobre tela, 114 × 146 cm.
Musée National d'Art Moderne, París.

47. *Meditación sobre el arpa.* 1932-1934.
Oleo sobre tela, 67 × 47 cm.
Museo Dalí de San Petersburgo, Florida.
Fundación Reynold Morse.

48. *El hombre invisible.* 1929-1933.
Oleo sobre tela, 143 × 81 cm.
Col. particular.

49. *Babaouo.* 1932.
Caja de madera con cristales pintados, 25,8 × 26,4 × 30,5 cm.
Perls Galleries, Nueva York.

50. *La tartana fantasma.* 1933.
Oleo sobre tabla, 19 × 24,1 cm.
Col. Edward F. W. James, Sussex.

51. *Gala y el Angelus de Millet precediendo la llegada inminente de las anamorfosis cónicas.* 1933.
Oleo sobre contraplacado, 24 × 18,8 cm.
National Gallery of Canada, Ottawa.

52. *El Angelus arquitectónico de Millet.* 1933.
Oleo sobre tela, 73 × 60 cm.
Perls Galleries, Nueva York.

53. *Instrumento masoquista.* 1933-1934.
Oleo sobre tela, 62 × 47 cm.
Col. particular.

54. *Gala con dos chuletas de cordero en equilibrio sobre su hombro.* 1933.
Oleo sobre contraplacado, 31 × 39 cm.
Teatro-Museo Dalí, Figueras (Girona).

55. *Reminiscencias arqueológicas del Angelus de Millet.* 1933-1935.
Oleo sobre tabla, 31,7 × 39,3 cm.
Museo Dalí de San Petersburgo, Florida.
Fundación Reynold Morse.

56. *El espectro del sex-appeal.* 1934.
Oleo sobre tabla, 18 × 14 cm.
Teatro-Museo Dalí, Figueras (Girona).

57. *Elementos enigmáticos en un paisaje* (detalle). 1934.
Oleo sobre tabla, 61,5 × 58,5 cm.
Col. Sulzberger, París.

58. *Destete del mueble alimento.* 1934.
(Obsérvese que el paisaje de Portlligat aparece invertido.)
Oleo sobre tabla.
Museo Dalí de San Petersburgo, Florida.
Fundación Reynold Morse.

59. *Aparición de mi prima Carolineta en la playa de Rosas* (detalle). 1934.
Oleo sobre tela, 73 × 100 cm.
Col. Martin Thèves, Bruselas.

60. *El barco.* 1934-1935.
Oleo sobre tela, 29,5 × 22,5 cm.
Col. particular.

61. *Vestigios atávicos después de la lluvia.* 1934.
Oleo sobre tela, 65 × 54 cm.
Perls Galleries, Nueva York.

62. *Retrato de Gala* o *El Angelus de Gala.* 1935.
Oleo sobre tela, 32,4 × 26,7 cm.
The Museum of Modern Art, Nueva York.

63. *El caballero de la muerte.* 1935.
Oleo sobre tela, 65 × 53 cm.
Col. F. Petit, París.

64. *Perspectivas.* 1936.
Oleo sobre tela, 65 × 65,5 cm.
Fondation Emanuel Hoffman, Kuntsmuseum Basel, Basilea.

65. *El mueble antropomórfico.* 1936.
Oleo sobre tabla, 25,4 × 43,1 cm.
Kunstsammlung Nordheim-Westfalen, Düsseldorf.

66. *El farmacéutico de Figueras, que no está buscando absolutamente nada.* 1936.
Oleo sobre tabla, 30 × 56 cm.
Col. Edward F. W. James, Sussex.

67. *Calma blanca.* 1936.
Oleo sobre tabla, 41 × 33 cm.
Col. Edward F. W. James, Sussex.

68. *Construcción blanda con judías hervidas. Premonición de la guerra civil.* 1936.
Oleo sobre tela, 100 × 99 cm.
The Philadelphia Museum of Art, Filadelfia, U.S.A.

69. *Mujeres con cabezas florales encontrando la piel de un piano de cola en la playa.* 1936.
Oleo sobre tela, 54 × 65 cm.
Museo Dalí de San Petersburgo, Florida.
Fundación Reynold Morse.

70. *Justicia geológica.* 1936.
Oleo sobre tela, 11 × 19 cm.
Museo Boymans-van Beuningen, Rotterdam.

71. *El gran paranoico.* 1936.
Oleo sobre tela, 62 × 62 cm.
Museo Boymans-van Beuningen, Rotterdam.

72. *Mesa solar.* 1936.
Oleo sobre tabla, 60 × 46 cm.
Museo Boymans-van Beuningen, Rotterdam.

73. *Canibalismo de otoño.* 1936-1937.
Oleo sobre tela, 65 × 65,2 cm.
Tate Gallery, Londres.

74. *Girafas encendidas.* 1936-1937.
Oleo sobre tabla, 35 × 27 cm.
Fondation Emanuel Hoffmann, Kuntsmuseum Basel, Basilea.

75. *El sueño.* 1937.
Oleo sobre tela, 50 × 77 cm.
Col. Edward F. W. James, Sussex.

76. *El enigma de Hitler.* 1937.
Oleo sobre tela.
Col. particular.

77. *La invención de los monstruos.* 1937.
Oleo sobre tabla, 51,2 × 78,5 cm.
The Art Institute of Chicago, Chicago.

78. *España.* 1936-1938.
Oleo sobre tela, 91,8 × 60,2 cm.
Museo Boymans-van Beuningen, Rotterdam.

79. *Metamorfosis de Narciso.* 1937.
Oleo sobre tela, 50,8 × 78,2 cm.
Tate Gallery, Londres.

80. *Simulacro transparente de una falsa imagen.* H. 1938.
Oleo sobre tela, 73,5 × 92 cm.
Albrigth Knox Art Gallery, Buffalo, Nueva York.

81. *Impresiones de África* (detalle). 1938.
Oleo sobre tela, 91,5 × 117,5 cm.
Museo Boymans-van Beuningen, Rotterdam.

82. *Corredor de Palladio con una sorpresa dramática.* 1938.
Oleo sobre tela, 75 × 104 cm.
Segialan Anstalt.

83. *Playa con teléfono.* 1938.
Oleo sobre tela, 73 × 92 cm.
Tate Gallery, Londres.

84. *La imagen desaparece.* 1938.
Oleo sobre tela, 55,9 × 50,8 cm.
Col. particular.

85. *El enigma sin fin.* 1938.
Oleo sobre tela, 114,5 × 146,5 cm.
Col. particular.

86. *Mercado de esclavas con la aparición del busto invisible de Voltaire.* 1940.
Oleo sobre tela, 46,5 × 65,5 cm.
Museo Dalí de San Petersburgo, Florida.
Fundación Reynold Morse.

87. *Araña de la tarde ¡Esperanza!* 1940.
Oleo sobre tela, 41 × 51 cm.
Museo Dalí de San Petersburgo, Florida.
Fundación Reynold Morse.

88. *Autorretrato blando con loncha de bacon asado.* 1941.
Oleo sobre tela, 61 × 50,8 cm.
Col. particular.

89. *El ojo del tiempo.* 1941.
Joya-reloj.
The Owen Cheatham Foundation.

90. *Joya (oro, rubíes y perlas).* 1941.
The Owen Cheatham Foundation.

91. *Sueño causado por el vuelo de una abeja alrededor de una granada un segundo antes de despertar.* 1944.
Oleo sobre tabla, 51 × 41 cm.
Col. Thyssen-Bornemisza, Lugano-Castagnola.

92. *Media taza gigante voladora, con anexo inexplicable de cinco metros de longitud.* 1944-1945.
Oleo sobre tela, 50 × 31 cm.
Col. particular, Basilea.

93. *La cesta del pan.* 1945.
Oleo sobre tabla, 37 × 32 cm.
Teatro-Museo Dalí, Figueras (Girona).

94. Diseño para la película *Spellbound (Recuerda),* protagonizada por Ingrid Bergman y dirigida por Alfred Hitchcock. 1945.

95. *Retrato de Picasso a la gloria del sol.* 1947.
Oleo sobre tela, 64,1 × 54,7 cm.
Col. particular, Nueva York.

96. *Equilibrio intraatómico de una pluma de cisne.* 1947.
Oleo sobre tela, 77,5 × 96,5 cm.
Col. particular.

97. *Las tres esfinges de Bikini.* 1947.
Oleo sobre tela, 30 × 50 cm.
Galerie Petit, París.

98. *Leda atómica.* 1949.
Oleo sobre tela, 60 × 44 cm.
Teatro-Museo Dalí, Figueras (Girona).

99. *Primer estudio para la Madona de Portlligat.* 1949.
Oleo sobre tela, 48,9 × 37,5 cm.
Marquette University Committee on the Fine Arts, Milwaukee, Wisconsin.

100. *Dalí, a la edad de seis años, cuando creía que era una niña, levantando la piel del agua para ver a un perro que duerme a la sombra del mar.* 1950.
Oleo sobre tela, 80 × 99 cm.
Col. Conde François de Vallombreuse, París.

101. *Paisaje de Portlligat.* 1950.
Oleo sobre tela, 58 × 78 cm.
Museo Dalí de San Petersburgo, Florida.
Fundación Reynold Morse.

102. *Cabeza rafaelesca estallando.* 1951.
Oleo sobre tela, 44,5 × 35 cm.
Col. Stead H. Stead Ellis, Somerset, Inglaterra.

103. *Cristo de San Juan de la Cruz.* 1951.
Oleo sobre tela, 205 × 116 cm.
Art Gallery, Glasgow.

104. *El ángel de Portlligat.* 1952.
Oleo sobre tela, 58,4 × 78,3 cm.
Museo Dalí de San Petersburgo, Florida.
Fundación Reynold Morse.

105. *Galatea de las esferas.* 1952.
Oleo sobre tela, 64 × 54 cm.
Teatro-Museo Dalí, Figueras (Girona).

106. *Retrato de Gala con síntomas rinocerónticos.* 1954.
Oleo sobre tela, 39 × 31,5 cm.
Col. particular.

107. *Desintegración de la persistencia de la memoria.* 1952-1954.
Oleo sobre tela, 25 × 33 cm.
Museo Dalí de San Petersburgo, Florida.
Fundación Reynold Morse.

108. *Crucifixión («Corpus hypercubus»).* 1954.
Oleo sobre tela, 194,5 × 124 cm.
Metropolitan Museum of Art, Nueva York.
Legado de Chester Dale.

109. *La última cena.* 1955.
Oleo sobre tela, 167 × 268 cm.
National Gallery of Art, Washington.
Legado de Chester Dale.

110. *Carne de gallina rinoceróntica.* 1956.
Oleo sobre tela, 93 × 60 cm.
Col. Bruno Pagliai, México.

111. *Santa Elena en Portlligat.* 1956.
Oleo sobre tela, 31 × 42 cm.
Museo Dalí de San Petersburgo, Florida.
Fundación Reynold Morse.

112. *Naturaleza muerta viva.* 1956.
Oleo sobre tela, 125 × 160 cm.
Museo Dalí de San Petersburgo, Florida. Fundación Reynold Morse.

113. *Rosa meditativa.* 1958.
Oleo sobre tela, 36 × 28 cm.
Col. Mr. y Mrs. Arnold Grant, Nueva York.

114. *Madona Sixtina* (detalle). 1958.
Oleo sobre papel, 223 × 190 cm.
Col. Henry J. Heinz II, Nueva York.

115. *Velázquez pintando a la Infanta Margarita, rodeada de las luces y sombras de su propia gloria.* 1958.
Oleo sobre tela, 153 × 92 cm.
Col. Eleanor Reynold Morse.

116. *El sueño de Colón.* 1958-1959.
Oleo sobre tela, 410,2 × 284,8 cm.
Museo Dalí de San Petersburgo, Florida.
Fundación Reynold Morse.

117. *Virgen de Guadalupe.* 1959.
Oleo sobre tela, 130 × 98,5 cm.
Col. Alfonso Fierro, Madrid.

118. *Gala desnuda de espalda mirando un espejo invisible.* 1960.
Oleo sobre tela, 42 × 32 cm.
Teatro-Museo Dalí, Figueras (Girona).

119. *Nacimiento de una divinidad.* 1960.
Oleo sobre tela, 36 × 26 cm.
Col. Mrs. Henry J. Heinz II, Nueva York.

120. *Batalla de Tetuán.* 1962.
Oleo sobre tela, 308 × 406 cm.
Col. David Nahmad, Milán.

121. *Salvador Dalí en el acto de pintar a Gala en la apoteosis del dólar, en la cual se puede percibir también a la izquierda a Marcel Duchamp disfrazado de Luis XIV, detrás de una cortina de estilo Vermeer que no es sino el rostro invisible aunque monumental del Hermes de Praxiteles.* 1965.
Oleo sobre tela, 400 × 498 cm.
Museo Dalí de San Petersburgo, Florida.
Fundación Reynold Morse.

122. *La estación de Perpignan.* 1965.
Oleo sobre tela, 295 × 406 cm.
Museo Ludwind, Colonia.

123. *La pesca del atún.* 1966-1967.
Oleo sobre tela, 304 × 404 cm.
Fundación Paul Ricard, Bandol (Francia).

124. *Atleta cósmico.* 1968.
Oleo sobre tela.
Palacio de la Zarzuela (Patrimonio Nacional Español), Madrid.

125. *Torero alucinógeno.* 1969-1970.
Oleo sobre tela, 400 × 300 cm.
Museo Dalí de San Petersburgo, Florida. Fundación Reynold Morse.

126. *Hora de la Monarquía.* 1969.
Oleo 3 m. de diámetro.
Techo en el Palacete Albéniz de Montjuich.
Propiedad Ayuntamiento de Barcelona.

127. *Rinoceronte op.* 1970.
Plástico especial inventado por Dalí, 14,5 × 18 cm.
Col. particular.

128. *Cuadro estereoscópico inacabado.* 1973-1974.
Oleo sobre tela, 60 × 60 cm.
Teatro-Museo Dalí, Figueras (Girona).

129. *Ruggiero liberando a Angélica.* 1974.
Oleo sobre tela, 350 × 200 cm.
Teatro-Museo Dalí, Figueras (Girona).

130. *Gala mirando al Mar Mediterráneo.* 1974-1976.
Oleo sobre tela, 240 × 182 cm.
Col. Martin Lawrence.

131. *Monstruo blando en paisaje angélico.* 1977.
Oleo sobre tela.
Museo del Vaticano.

132. *En busca de la cuarta dimensión.* 1979.
Oleo sobre tela, 122,5 × 246 cm.
Col. particular.

133 y 134. *El Palacio del Viento* (Techo de la Planta Noble del Teatro-Museo Dalí de Figueras) (Detalle).
Oleo sobre cinco telas adheridas al techo.
Tela central: 2,55 × 8,40 m. Telas laterales: 8,40 y 11 m. de base, por 1,70 m. de altura.
Telas de juntura: 5,75 y 2,30 m. de base, por 1,30 m. de altura.

135. Patio-Jardín del Teatro-Museo Dalí de Figueras.
Inaugurado el 28 de septiembre de 1974.
En primer plano, escultura de Ernst Fuchs.

136. *El camino del enigma.* 1981.
Oleo sobre tela, 140 × 94 cm.
Teatro-Museo Dalí, Figueras (Girona).

137. *La Pietà.* 1982
Oleo sobre tela, 100 × 100 cm.
Teatro-Museo Dalí, Figueras (Girona).

138. *Otelo soñando Venecia.* 1982.
Oleo sobre tela, 100 × 90 cm.
Teatro-Museo Dalí, Figueras (Girona).

139. *Los tres enigmas gloriosos de Gala.* 1982.
Oleo sobre tela, 130 × 120 cm.
Museo Español de Arte Contemporáneo, Madrid.